AF665735

Hans Riedl

Unbestechlich ist die Zeit

Geschichten in Reimen

Hans Riedl

Unbestechlich ist die Zeit

Geschichten in Reimen

Rediroma-Verlag

Bibliografische Information der Deutschen Nationalbibliothek:
Die Deutsche Nationalbibliothek verzeichnet diese Publikation
in der Deutschen Nationalbibliografie; detaillierte
bibliografische Daten sind im Internet über http://dnb.ddb.de
abrufbar.

ISBN 978-3-86870-930-8

Copyright (2015) Rediroma-Verlag

Umschlagillustration: Patrik Naumann / photocase.de

Alle Rechte beim Autor

www.rediroma-verlag.de
9,95 Euro (D)

Vorwort

Was ist die Zeit?

Die Menschen versuchen seit jeher die Zeit zu beschreiben, sie zu katalogisieren, sie einzuordnen. Trotz aller Bemühungen bleibt sie für uns ein Geheimnis, ein Mysterium, das sich an unseren praktischen Vorstellungen nicht festmachen lässt.

Für den jeweils Lebenden setzt sich die Zeit in Vergangenheit, Gegenwart und Zukunft zusammen. Wobei sich diese drei Epochen mit den jeweiligen Generationen in der Zeit vorwärtsbewegen. Was heute für mich Gegenwart ist, ist für die nächste Generation schon Vergangenheit. Was für mich heute noch Zukunft bedeutet ist für jene zumindest Gegenwart, beziehungsweise Vergangenheit. Die Gegenwart ist als Zeitspanne nur schwer zu definieren. Gegenwart kann nur der Augenblick sein in dem gerade etwas passiert. Einen Augenblick später ist sie schon Vergangenheit, wobei sich die Gegenwart auf eine noch kleinere Zeiteinteilung festlegen lässt. Gegenwart kann meiner Meinung nach überhaupt nur den Übergang von der Vergangenheit in die Zukunft darstellen. Nach meiner bescheidenen Ansicht ist die Zeit als unendliches Maßband zu sehen. Auf diesem imaginären Band läuft die Zeit seit Anbeginn und wird weiterlaufen bis zum Ende oder in die Unendlichkeit. Jetzt stelle ich die Frage: Gäbe es ohne Zeit auch Leben? Gäbe es das Universum? Könnten wir, falls wir existieren würden, überhaupt denken?

Unsere Gedankenwelt hat immer den Aspekt „Zeit“ als Orientierung, als Betätigungsfeld.
Auf die Frage an Einstein nach dem Wesen der Zeit, hat dieser geantwortet: „ Zeit ist, was die Uhr anzeigt!“

Diese Antwort klingt logisch und ist für viele Menschen ausreichend. Einstein ist der Zeit natürlich viel tiefgründiger nachgegangen, das beweist seine Relativitätstheorie.
Was weit nach uns kommende Generationen über die Zeit sagen und wissen werden können wir heute nicht erahnen.
Wir sind in unserer Zeit gefangen, ohne sie entscheidend ausdrücken zu können.

„Was ist die Zeit, ich kann es euch nicht sagen.
Fragt Menschen, die gescheiter sind als ich!"

Inhalt:

Unbestechlich ist die Zeit

Der Mensch wird von der Zeit geführt, viel öfter als er denkt.
Er wird in das Korsett der Zeit gezwängt
und auch von ihr gelenkt.
Sie zieht ihm ihre Zügel über und er rennt nun im Galopp.
Der Mensch glaubt, dass er stille steht,
trotzdem rennt er hopp, hopp, hopp.

Ein Tag vergeht man merkt es kaum, vorbei ist wieder Zeit.
Kein Mensch kann sie mehr revidieren,
sie ist schon viel zu weit.
Es gelingt uns nicht, sie anzufassen,
sie rinnt uns durch die Finger.
Es kommt auch vor, dass sie glücklich macht,
sie ist auch Unglücksbringer.

Wer meint die Zeit im Griff zu haben, bei dem läuft vieles schief,
denn die Zeit dreht nun den Spieß herum,
hält ihn im Würgegriff.
Du kannst dich selbst mit Zeit beschenken,
auch den Menschen, der dir lieb.
Das ist dann Zeit, die dich verzaubert hat,
die an dir haften blieb.

Mit der Zeit sich manche Reichtum schaffen,
mit ihr sie spekulieren.
Jedoch wenn einer Reichtum schafft,
müssen drei andere verlieren.
Die Zeit, die ist auch dehnbar so wie ein Gummiband.
Auch lief die Zeit in der Geschichte oft außer Rand und Band.

Alles was wir machen geschieht nur mit der Zeit.
Wer sich zu viel mit der Zeit beschäftigt, riskiert Vergänglichkeit.
Wer Zeit sich will erkaufen den droht sie zu ersticken.
Die Zeit wird diesem Jemand in ein Spinnennetz verstricken.

Manche Menschen sagen: „Ich habe keine Zeit“
und das, ohne nachzudenken.
Versuche es erst gar nicht,
deine Zeit dir selber einzuschränken.
Sie würd für dich zu Ende laufen, dein Leben wär bedroht.
Deine Zeit hättest du verloren, am Ende stünd der Tod.

Darum lass die Zeit nur laufen, wie sie läuft,
versuch nicht einzugreifen.
Sie könnte dir sonst Maulkorb und Fesseln überstreifen.
Die Zeit zu ignorieren, dazu bin ich bereit,
denn ich lebe meistens zeitlos,
ohne Datum, ohne Uhrzeit, ohne Zeit.

Fortsetzung einer wahren Geschichte aus dem Buch „Damals“

Einleitung

Was nun folgt, ist ein kurzer Ausschnitt aus dem Leben meiner Großeltern. Darin werden die Jahre von 1904 bis 1911 kurz umrissen. Die Vorgeschichte von1900 bis 1904 habe ich bereits im Buch „Damals“ so gut als möglich nachvollzogen.
In diesem Band beschreibe ich ihr Leben vom Umzug aus der Brandwinzerkeusche zum größeren Mülleranwesen. Dieses war auch mein Geburtsort, an dem ich bis zu meinem 14. Lebensjahr gelebt habe. Meine Großeltern, Rupert und Anna Riedl, geborene Lampl, haben die Müllerliegenschaft erstmals im Jahre 1904 in Form einer Rente vom Vorbesitzer gepachtet, diese aber schon 1907 gekauft, indem sie die Hypothek vom Vorbesitzer übernommen haben. Laut Vertrag, der heute noch vorliegt, betrug der Kaufpreis 2940 Gulden. Dieser setzte sich folgendermaßen zusammen: Die zu übernehmende Hypothek betrug 1459 Gulden, 40 Gulden wurden bereits im Jahre 1904 als Anzahlung geleistet. Ein Teilbetrag von 700 Gulden wurde vom Ehepaar bei Vertragsunterzeichnung am 26. August 1907 in bar beglichen. Somit verblieb ein Restbetrag von 740 Gulden, der in Form von Raten an den Vorbesitzer zu leisten war. Ab 26. August 1907 waren meine Großeltern Besitzer des kleinen Bergbauernhofes mit etwas mehr als drei Joch Grund. Zur Zeit der Übersiedlung hatten sie bereits zwei Buben, den Rudolf, geboren 1901 und den Hans, meinen Vater, geboren 1903. Zwei Jahre später kam die Aloisia bereits auf dem Mülleranwesen zur Welt. Der Rupert war aktiver Musikant, er spielte auf Hochzeiten und sonstigen Feierlichkeiten in der Gruppe meistens den Bass. In seiner Militärzeit von 1914 bis 1918 war er auch bei der Militärmusik eingeteilt.

Als Nebenbeschäftigung zur Arbeit am Hof übte er den sich angelernten Beruf des Maurers aus. Wie lange und ob die Eltern vom Rupert, beide 1839 geboren, noch gelebt haben lässt sich nicht nachvollziehen. Die Familie, sowie auch ihre Nachbarn lebten fast ausschließlich von dem was der Boden hergab. Der Hof liegt etwa auf 550 m Höhe auf dem Sausal in der Südweststeiermark. Damals war die Gegend von den übrigen Verkehrswegen sehr abgeschieden, denn auf den Sausal führten nur einige Karrenwege, die nach längerem Regen und in Winter oft unpassierbar waren. Strom und Wasserleitung wurden erst in den angehenden 60er Jahren eingeleitet. Das Gehöft war mit Stroh und Schindeln gedeckt. Die Zufahrt zum Hof war extrem steil und mit Kühen und Wagen nur schwer zu bewältigen. Am Hof wurden zwar zum Pflügen und Eggen die Kühe eingespannt, aber heimtransportiert wurde die Ernte, sowie Holz und Streu nur in Körben, Kraxe und Streubögen auf dem Kopf oder dem Rücken. Diese Methode des Transportes wurde auch in den Zeiten meiner Kindheit noch so gepflegt. Auf Grund der Notzeiten in der Zwischenkriegszeit und der zwei Weltkriege wurde in dieser Zeit kaum ein Fortschritt erzielt, sodass ich meinen Heimathof aus meiner frühesten Kindheit so in Erinnerung habe, wie er Anfang des zwanzigsten Jahrhunderts ähnlich dagestanden hat.

Die nachstehenden Texte habe ich, wie gewohnt, in Reimform abgefasst. Ich hoffe, dass ich die tragischen Ereignisse vom Herbst 1904 bis zum Frühjahr 1911, bis zum Tod meiner Großmutter mit erst 28 Jahren, so erzähle, dass sie für den Leser nachvollziehbar sind.

Hans Riedl

Das neue Heim

Der Umzug ist beendet, die Ernte eingebracht.
Plötzlich zog der Winter ein, ganz heimlich in der Nacht.
Man hat mit der Eile gutgetan,
dem schönen Wetter nicht getraut
und hat in Sausal 67 ein neues Heim sich aufgebaut.

Die Winzerkeusche steht jetzt leer bis sich jemand findet,
der, wie sie zuvor, mit viel zu wenig Wohnraum,
sich an den Weinberg bindet.
Es ist wie ein Befreiungsschlag aus der räumlichen Bedrängnis.
Vier Personen in einem Raum, das nennt man ein Verhängnis.

Hier im neuen Domizil ist Haus und Hof zwar ärmlich,
doch wie in der Winzerkeusche, nicht so ganz erbärmlich.
Es ist jetzt November im Jahre neunzehnhundertvier.
Vor einem Monat erst bezog man voll Freude hier Quartier.

Der Hausstand ist gegründet zwar, doch es fehlt noch überall.
Bis man es hier wohnlich hat, dauert es ein Jahr auf jeden Fall.
Da ist die Sorge um das täglich Brot als erste schon zu nennen.
Dass kein Kreuzer mehr im Beutel ist
das muss man auch bekennen.

Vorerst zahlt man eine Rente, als Rate für den Kauf.
Unter diesem Umstand nimmt das Jahr nun seinen Lauf.
Die halbe Fechsung blieb am Hof,
so wie vertraglich festgesetzt.
Dass die Mittel für ein Jahr nicht reichen
sieht man voll Sorgen jetzt.

Doch das Paar ist zuversichtlich
und krempelt sich die Ärmel hoch,
denn zu sorgen und zu schaffen,
gibt es trotz des Winters noch und noch.
Die Anna gibt die Wünsche vor, der Rupert führt sie aus,
soweit dies irgend möglich ist in ihrem armen Haus.

Der Hans ist jetzt fast eineinhalb,
der Rudolf schon beinahe drei.
Die Kinder wachsen trotz der Armut,
die Zeit geht schnell vorbei.
Sie nennen eine Kuh ihr Eigen, ein Schwein, die Ziege,
dazu noch Federvieh.
Alle Tiere durchzufüttern, vielleicht geht das irgendwie.

Ein wenig Heu ist unterm Dachstuhl
dazu in der Scheune drin noch Streu.
Damit geht man recht sparsam um,
noch ist der Winter nicht vorbei.
Am Speiseplan stehen Tag für Tag
nur Kartoffel, Bohnen, Kraut und Rüben.
Angesichts der tristen Lage
muss man in Sparsamkeit sich üben.

So hat man sich hier eingepflanzt, hier wollen beide bleiben.
Sie wollen redlich schaffen und die Not von hier vertreiben.
Der Anna´s These lautet:
Der Wohlstand wird immer nur erreicht
mit Rat und noch mehr Tat.
Der Rupert ist oft anderer Meinung.
Er sagt: „Kommt Zeit, kommt auch der gute Rat.“

Eigentum

Drei Jahre lebt man nun schon hier,
man hat gerackert, geschuftet und gespart.
Die Hausleut sind gar strebsam, das ist nun deren Art.
Man hat ein wenig Geld beisammen
den großen Schritt zu wagen.
Der Kaufvertrag soll unterschrieben werden
noch in den nächsten Tagen.

Eine Hypothek liegt auf dem Hof,
noch vom Vorbesitzer angehäuft.
Durch den Kaufvertrag wird das Ehepaar verpflichtet,
dass diese auf ihren Namen weiterläuft.
Die Wirtschaft, vulgo Müller, ist endlich nun ihr Eigentum.
Hier ist es gütig auszuhalten, nur gute Nachbarn rundherum.

Der Hof liegt auf der Sonnenseite, der Ausblick geht gar weit.
Die Hube gehörte einst dem Müller von Gleinstätten,
aber das war vor langer Zeit.
Jetzt sind sie die Besitzerleute, als braves Ehepaar.
Sie hoffen es zu bleiben und das noch viele Jahr.

Die Richtung zeigt bergauf, es soll nicht schlimmer werden.
Sie wollen alles was hier wächst und lebt
so gut er geht verwerten.
Als Mann und Frau zusammenhalten,
sich rühren und sich sorgen,
dann wird den beiden gar nicht bang
vor der Zukunft und vor morgen.

Ein gottgefälliges Leben führen,
Zucht und Ordnung sich verschreiben,
gewissenhaft die Schuld bezahlen,
dann kann das ihre Heimstatt bleiben.
Schon zwei Jahre ist es her,
dass die beiden Buben ein Schwesterchen bekamen.
Die Kleine die schon flink und munter ist,
heißt Aloisia mit Namen.

Drei Kinder, dazu noch Haus und Hof, davon träumte Anna oft.
Dass alles auch so eingetroffen, das kam ganz unverhofft.
Sie ist jetzt vierundzwanzig Jahre alt,
das ist wenig noch an Jahren,
doch was arm sein und was hungern heißt,
hat sie zu oft erfahren.

Die Sorge um das Wohl des Hauses hält sie fest im Zaum.
Oft reichen für die viele Arbeit ihre Körperkräfte kaum.
Das ist ihr hartes Los, als Erste ist sie vorn,
als Letzte hintendran.
Sie ist schon abgemagert, weil es so nicht gehen kann.
Sie klammert sich an die Hoffnung, dass alles besser wird,
dass sie weiter sorgen kann und dass kein Unglück ihr passiert.

Sie hat sich eingebremst, sie hat erreicht, was sie gewollt.
Sie ist zufrieden mit der Welt, ihre Wünsche hat sie eingeholt.
Diesen Spruch hört man sie sagen:
Hast du im Tal ein sicheres Haus,
dann steige nicht zu hoch hinaus.

Bitterer Alltag

Grauer Alltag auf dem Sausal um neunzehnhundertzehn.
Man lebt hier oben abgeschlossen,
doch auf der Welt ist viel gescheh´n.
Die Monarchie ist brüchig schon, es gärt an allen Ecken.
Des Kaisers fremde Völkerscharen
wollen neue Staaten auferwecken.

Gegen ihren Freiheitsdrang macht sich Härte nicht bezahlt.
Um noch selbst das Regiment zu führen
ist der Kaiser viel zu alt.
Es lenken die Geschicke, die Generäle,
die Minister und die Grafen.
Die wollen von dem Kuchen sich ein großes Stück verschaffen.

Auf dem Sausal kennt man nichts dergleichen,
hier geht es ab und auf.
Mit der Arbeit für das tägliche Brot füllt man den Jahreslauf.
Die Anna hat sich an der Brust verletzt,
im Saustall, vor zwei Tagen.
Sie hat sich noch nicht getraut es ihrem Mann zu sagen.

Es wird schon nichts Ernstes sein, hofft sie sich innerlich.
Vorerst hält sie die Bescherung ganz einfach noch für sich.
Was sie erhofft das trifft nicht ein,
die Blessur beginnt zu schmerzen.
Die Anna erzählt es ihrem Mann,
dem geht das gleich zu Herzen.

Zuerst Salben drauf und Essigflecke und mancherlei Tinktur.
Auch nach zwei Wochen hört der Schmerz nicht auf,
es wird jetzt schlimmer nur.

Die Kräuterfrau wird kontaktiert, um ihren Rat zu hören.
Sie lässt zwar ein paar Säfte da,
doch kann weiter nichts erklären.

Noch ist die Anna fest am Schaffen, die Familie geht ihr nah.
Sie spricht mit anderen nicht darüber
was vor Tagen ihr geschah.
Nach außen ist sie so wie immer, doch ist sie innerlich verzagt.
Nur den Rupert hat sie eingeweiht und hat sich bei ihm beklagt.

Die Kinder sind gesund und munter,
sie sind der Beiden Freude.
Auf ihre Art sich einzubringen, verlassen sie sich beide.
Die Buben helfen im Stall schon brav,
das Mädchen hilft beim Kochen.
Der Mutter stets behilflich sein, das hat sie fest versprochen.

So ist das arme Fünfgespann gefangen in der Zeit.
Von den Sorgen um das Wohlergehen
hat sich damals kaum jemand noch befreit.
Die Politik geht ihre Wege,
da kann der Bürger nichts verändern.
Das war so in der Monarchie und auch in anderen Ländern.

Am Sausal hatte man eigene Sorgen,
denn der Kaiser war zu fern.
Auch befasste mit der Politik man sich nicht allzu gern.
Seit Jahr und Tag hielt man hier daran fest
was von den Vätern überliefert.
Nach Aussaat und nach Ernte wird die Jahreszeit beziffert.

Wenn die Sonne scheint und der Regen fällt
dann geht die Saat schön auf und auf alles das, was irdisch ist,
hält der Herrgott Wache drauf.

Krankheit

„Herrgott schau auf mich herab, warum muss ich so leiden?
Ich wünsche mir die Krankheit weg, bin ich zu unbescheiden?"
So betet Anna still im Bett, weil ihr Inneres zerbricht.
Die Krankheit hält sie fest im Griff, hat gezeichnet ihr Gesicht.

Immer öfter legt sie sich hin, das Gehen fällt ihr schwer.
Von den Mitteln, die die Schmerzen hemmen,
davon braucht sie immer mehr.
Der Rupert läuft so schnell er kann, hinunter nach Gleinstätten.
Dem Doktor trägt er seine Bitte vor, ihm seine Frau zu retten.

Sie ist doch seine liebe Frau und die Mutter seiner Kinder.
Sie ist die treue Partnerin und seine Stütze auch nicht minder.
Heut hat der Rupert Glück, denn der Doktor kommt gleich mit.
So schreiten sie ganz vehement im schnellen, festen Schritt
in nur einer Stunde dem fernen Sausal zu.
Dem Rupert wird mal kalt, mal heiß,
er kommt nicht mehr zur Ruh.

Warum hat ihn das Glück verlassen, denkt er nun bei sich.
An seine kranke Ehefrau denkt er nun bitterlich.
Was ist, was war, was wird mal sein,
das lässt ihn nicht mehr kalt.
Seine Frau ist schmerzgebeugt und noch kein bisschen alt.
Die Kinder harren ihrer Liebe, wie soll das weitergehen?
Warum die schwere Krankheit, das kann er nicht verstehen.

Die Anna windet sich im Bett, trotzdem bleibt sie stumm.
Die Kinder stehen ganz betroffen um ihr Bett herum.
Der Doktor sieht und handelt kurz, dann spricht er mit Bedacht:
„In Graz gibt es ein Krankenhaus,
es wäre gut, sie würd dahin gebracht."

„Das ist kein Ding der Möglichkeit“ seufzt Rupert gottergeben.
„Sie kann niemals in ein Krankenhaus,
sie muss trotzdem überleben.“

Er klammert sich am Strohhalm fest,
als wäre es ein starkes Tau.
Im Bett liegt schweißgebadet voll Schmerzen seine Frau.
Für die drei Kinder ist die Mutter,
trotz ihrer Krankheit noch präsent,
weil sie der Kinder Sorgen doch wohl am besten kennt.

Der Rupert weiß nicht ein noch aus, er ist nicht Herr der Lage.
Wie soll er das bewältigen, das ist die große Frage.
Er ist mal zuversichtlich, mal ist er ganz erschrocken.
Das Schicksal haut mit Steinen um
und gleich mit großen Brocken.

Die Krankheit kommt in Wellen über die schmerzgeplagte Frau.
Wann die nächsten Schübe kommen,
weiß sie nicht ganz genau.
Auf großen Schmerz folgt Ruhezeit, es ist wie ein Pulsieren.
Die Pausen nützt sie für die Kinder, sie will nicht Zeit verlieren.

Lebenszeit ist kostbar, auch wenn das Leben karg,
doch Kinder ohne Mutterliebe, das ist besonders arg.

Hoffnung

Der Anna geht es gar nicht gut,
sie kommt nicht mehr aus dem Bett.
Sie liegt oft stundenlang in erfüllendem Gebet.
Da sucht sie Trost und Hoffnung, vor der Marter ihrer Pein.
Man hört sie öfter auch vor Schmerzen lauthals schrein.

Der Doktor war schon mehrmals da, er tut was er noch kann.
Er wendet alle Mittel die er hat, bei der Schwererkrankten an.
Die Vermutung liegt schon nahe,
dass seine Hilfe nicht mehr reicht.
Dass von der kranken Frau ihr Lebenslicht entweicht.

Der Rupert ist besorgt um sie, er weiß nicht ein, noch aus.
Großes Unglück brach hernieder auf das schwergeprüfte Haus.
Oft lässt er Arbeit, Arbeit sein, zu sehr braucht ihn seine Frau.
Auch mit der Kinderobhut nimmt er es nicht genau.

Die sind zwar hilfsbereit,
doch wegen dem Unglück stark gehemmt.
Sie merken wie sich ihre Mutter dem Tod entgegenstemmt.
Der Schule bleiben sie oft fern, es gilt sich einzuschränken.
Bei einer kranken Mutter kann man nicht ans Lernen denken.

Die Buben stellen ihren Mann,
schon auf dem Feld und auf dem Acker.
Der Rudolf, der ältere der beiden,
führt die Kühe schon ganz wacker.
Sie sind wie angelernt, fleißig, besorgt und anspruchslos.
Doch für die Wirtschaft auf der Leiten
sind ihnen die Schuhe noch zu groß.

Die Mutter kränkelt schon seit langer Zeit, seit über einem Jahr.
Dem Rupert wachsen schon vor Sorgen
an den Schläfen graue Haar.
Erst hat man Mittel angewandt, aus dem Tierreich, der Natur.
Man hat Hundsschmalz aufgelegt und Bienenhonig pur.

Doch so sehr man auch gehofft hat, die Wirkung blieb versagt.
Später hat der Rupert voller Sorge beim Doktor nachgefragt.
Der nimmt den Rupert an die Hand und hat ihm leis gesagt:

„Was zu spät ist, ist verloren“
Da hat der Rupert sich ganz auf den Herrgott eingeschworen.
Die Doktorkosten drücken stark, doch ihm ist jedes Mittel recht.
Er hat eine kranke Frau, der geht es empfindlich schlecht.

Das Frühjahr naht mit Riesenschritten,
der Winter weicht zurück.
Ansonsten empfindet man die warme Jahreszeit
als lang ersehntes Glück.
Doch heuer liegt die Krankheit drin im Haus
und will nicht mehr entweichen.
Bei seiner Frau kann er trotz aller Mittel
keine Besserung erreichen.

Sie war die gute Seele, die Kraft die vorwärts trieb,
sie war ein braves Eheweib und zu den Kindern immer lieb.
Sie hat den Schwung gehalten im Getriebe seines Lebens,
doch jetzt versucht er jenen Schwung zu halten,
Tag für Tag vergebens.

Den Kindern war sie die gute Mutter,
hat sich angenommen ihrer Sorgen.
War für sie auch immer da, ob am Abend oder Morgen.
Jetzt liegt sie hingestreckt schon auf dem Lager wochenlang.
Den Kindern wird beim Anblick ihrer Mutter
an Herz und Seele bang.

Die Hoffnung darf nicht sterben, dass die Mutter sich erholt.
Deshalb hat der Vater auch den Doktor hergeholt.
Die Hoffnung hält die Kinder wach, zu fern ist noch der Tod.
Auch glauben sie noch voller Inbrunst an den gerechten Gott.

Hoffnungslos

Der Doktor ist gegangen, er hinterlässt nur Traurigkeit.
Die Anna lebt nach seiner Meinung, nur mehr ganz kurze Zeit.
Die Krankheit ist weit fortgeschritten, der Tod ist ganz präsent.
Er flüsterte dem Rupert zu: „Ihr Leben geht zu End.
Man hat noch keine Hilfe heute gegen so ein Krebsgeschwür."
Der Doktor mit seiner Offenheit hat für die Kinder kein Gespür.

Er sagt, was Sache ist, so ist er es gewohnt.
Er hat mit seiner Meinung noch kaum jemanden geschont.
Die Kinder stehen in der Stube und sind nun ganz verstört,
denn sie haben des Doktors Urteil mitbekommen
und jedes Wort gehört.

Ein Blitz kann weniger Schaden richten,
als wenn jemand der Mutter Sterben prophezeit.
Ins Haus ist eingedrungen, jetzt Gram und Traurigkeit.
Die Anna, ihre Mutter, liegt da und rührt sich nicht.
Von Sorg und Schmerz zerfurcht ist schon ihr Angesicht.

Obwohl sie starke Schmerzen hat,
hört man sie kaum noch klagen.
Sie hat sich abgefunden, ihr schweres Kreuz zu tragen.
Vor Wochen war das anders, da hat sie oft gejammert.
Da hat sie sich mit aller Kraft an das Leben noch geklammert.

Jetzt ist ihr Widerstand gebrochen, sie hat sich schon ergeben.
Sie hat schon abgeschlossen mit ihrem kurzen Leben.
Wenn sie bei Sinnen ist, ruft sie die Kinder zu sich ran.
Sie hält dann deren Hände, so gut sie eben kann,
bis sie die Kraft verlässt, dann liegt sie leblos da.
Sterben mitanzusehen müssen, geht jedem Menschen nah.

Doch wenn bei Kindern jede Hoffnung flieht,
das lässt sie kalt erschauern.
Wenn sie begreifen müssen, das Leben ihrer Mutter
kann nicht mehr lange dauern.
Dann tut sich die Erde auf, sie verlieren jeden Halt.
Das Schicksal ist für Kinder oft böse Urgewalt.

Der Doktor hat sein Wort gesprochen,
vielleicht hat er sich geirrt.
So denken sich die Kinder vor Elend ganz verwirrt.
Die Mutter darf nicht sterben, das lässt der Herrgott niemals zu.
Da hätte man sein Leben lang, nicht eine Stunde Ruh.

Da bricht die Welt zusammen, wenn die Mutter nicht mehr lebt.
Da hat nie vorher noch die Erde so gebebt.
Der Doktor ist ein strenger Mann, er meint es gar nicht schlecht.
Doch die Kinder so erschrecken, dazu hat er kein Recht.

Die Welt steht heute still, man hält den Atem an,
Die Welt steht still, da ist was Wahres dran.
Die Hoffnung ist zerstört, auf die man so gesetzt.
Dass Mutter sich erholt, hat gehofft man bis zuletzt.

Der Doktor hat Kälte hinterlassen,
auch wenn er es gut gemeint.
Nie vorher haben die drei Kinder
so herzzerreißend noch geweint.

Gebet

Gebet der sechsjährigen Aloisia, meiner Tante, im Jahre 1911, kurz vor dem Tod ihrer Mutter.

Lieber Gott, wenn es dir möglich ist, mach Mama wieder froh.
Nimm weg von ihr die Schmerzen, wir brauchen sie noch so.
In deiner großen Macht, schau auf die Erde her.
Gib die Mama uns zurück, wir bitten dich so sehr.

Lieber Gott, ich will immer folgsam sein,
dir keinen Kummer machen.
Weil Mama solche Schmerzen hat,
ist uns nicht mehr zum Lachen.
Was machen kleine Kinder, ohne Mama, ohne Liebe?
Mach, wenn es dir möglich ist, dass sie noch bei uns bliebe.

Lieber Gott, wenn es dir möglich wär, mach Mama wieder froh.
Nimm weg von ihr die Schmerzen, wir brauchen sie noch so.
Ich bete morgens früh und abends zu dir, du lieber Gott.
Wenn du mich beten hörst, hilf du uns aus der Not.

Meine Brüder bitten dich, nicht weniger als ich.
Meine Mama will den Tod besiegen, ja das erhofft sie sich.
Herr Jesu du hast erdulden müssen
am Kreuz die üblen Schmerzen.
Dass Mama so viel leiden muss, trifft mich in meinem Herzen.

Lieber Gott, wenn es dir möglich ist, mach Mama wieder froh.
Nimm weg von ihr die Schmerzen, wir brauchen sie noch so.
Was nützt mein Leben mir, wenn Mama nicht mehr ist.
Auf deine Hilfe hoffe ich, weil du der Herrgott bist.

Ich ruf zu dir in meiner Not, erhöre meine Bitte.
Ich hoffe auf Barmherzigkeit, denn du bist voller Güte.
Lieber Gott, erhöre mein Gebet, erhör mein kindlich Flehen.
Wenn Mama sterben muss,
kann ich die Welt nicht mehr verstehen.

Lieber Gott, wenn es dir möglich ist, mach Mama wieder froh.
Nimm weg von ihr die Schmerzen, wir brauchen sie noch so.

Zwei Tage später war Mama verstorben, kurz nach ihrem 28. Geburtstag.

Tod

Es ist später Abend schon,
in der Stube scheint nur noch Kerzenlicht.
Die Mutter schlägt die Augen zu, es entspannt sich ihr Gesicht.
Die Kinder an ihr Bett gedrängt, sie stehen fassungslos.
Noch sind ihre Augen trocken, die Bestürzung ist zu groß.

Solange Mutter noch geatmet hat, war Hoffnung noch im Raum.
Was die Kinder erleben müssen, ist wie ein böser Traum.
Ihre Mutter ist gestorben, was heißt das für ein Kind?
Wenn alle Hoffnungen dahin, wenn sie verflogen sind.

Das Elend ist so groß, es lässt sich nicht beschreiben.
Die Mutter hat sie nun verlassen, sie wird verstorben bleiben.
Was kann ein Kinderherz empfinden,
in der Stunde größter Not?
Ein Kind kann nicht begreifen, was Sterben ist und Tod.

Der Vater und die Nachbarn, das ist der Trauerreigen.
Stille herrscht im Raum, zuerst ist nur noch Schweigen,
dann ein Gemurmel gegenseitig.

Die Kinder verstehen nicht den Sinn.
Sie empfinden nur noch Schmerzen in ihren Herzen drin.

Die Luiserl fängt zum Schluchzen an,
die Brüder tun es ihr gleich.
Das Weinen von den Kindern macht Kieselsteine weich.
Wenn man das Elend messen könnte,
wie andere Dinge auf der Welt,
für die Kinder wäre kein Elend da, das für sie schwerer zählt.

Die Mutter war zwar lange krank, lag auf dem Bett danieder,
doch die Kinder schöpften bei ihr neue Hoffnung immer wieder.
Jetzt tut sich eine Leere auf, denn die Mutter rührt sich nicht.
Das ist noch vielfach schlimmer,
als wenn das Haus zusammenbricht.

Der Schmerz zerfrisst ihr junges Herz, die Seele leidet stark.
Ihr Weinen geht den Trauernden
hindurch durch Bein und Mark.
Wie soll man Kinder trösten, wenn das Liebste sie verloren?
Ihr Liebstes auf der Welt, das sie sich auserkoren.

Die Trauernden sind stumm erstarrt, es ist ein Warten nur.
Das Einzige was weiterläuft ist an der Wand die Pendeluhr.

Ich lass die Trauernden bei der Toten dort verbleiben,
denn ich kann den Schmerz nicht wiedergeben.
Ich kann ihn nicht beschreiben.

Begräbnis

Dieser eine Tag, den ich beschreibe,
war viel schlimmer als man denkt.
Man hat der Kinder Mutter in die Erde rein versenkt.
In einem Sarg aus Fichtenbrettern, zugenagelt obendrein,
lässt man nun den Sarg an Stricken, in die Grube tief hinein.

Die Augen sind schon tränenleer,
weil zu viel schon durchgeweint.
Die Kinder stehen an der Grube, in ihrem Schmerz vereint.
Der Vater hält die Hand auf sie, es fehlen ihm die Worte.
Er spricht nicht gern und viel, er ist nicht von der Sorte.

Auch sein Herz ist tief betrübt, seine Frau hat er verloren.
Vor elf Jahren haben sie sich die Treue erst geschworen.
Sie war die gute Mutter, für ihn sein braves, treues Weib.
Für sie galt Arbeit, Müh und Sorgen, ein Fremdwort Zeitvertreib.

Verloren steht er da, mit drei Kinder, unversorgt.
Das Geld für das Begräbnis hat er sich ausgeborgt.
Er hat drei brave Kinder zwar, mit sechs und acht und neun.
Doch wenn er an Morgen denken muss,
kann er sich nicht mehr freun.

Da stehen sie nun alle vier, ein Häufchen zum Erbarmen.
Die Zukunft sieht nicht rosig aus,
denn niemand hilft den Armen.
Die Trauergäste drängen nach, sie wollen letztmals grüßen.
Nach einem Klumpen Erde, wird man sich trennen müssen.

Zwei Schritte gehen sie beiseite, um etwas Platz zu räumen.
So lang wie möglich noch hinein zu starren,
das will man nicht versäumen.

Die Kinder starren auf den Sarg, auf ein Wunder hoffen sie.
Sie sehen ihre Mutter noch einmal, in ihrer Fantasie.

Sehen eine zarte Frau, gezeichnet von den Schmerzen,
mit Sorgenfalten im Gesicht und einem reinen Herzen.
Der Pfarrer spricht noch mit den Leuten,
die Kinder hören gar nicht hin.
Auch wenn sie hören wollten, sie verstünden nicht den Sinn.

Sie verstehen nicht, obwohl sie sehen,
obwohl sie hören mit den Ohren.
Für sie hat nun ihr Leben jeden Sinn verloren.
Hier ewig stehen bleiben, das wär ein gutes Los.
Sie wollen gar nicht weiter leben, ihre Trauer ist zu groß.

Der Vater rüttelt nun behutsam an Schulter und an Händen.
Sie müssen schweren Herzens
nun den schweren Gang beenden.
Er schließt sie in die Arme, das stärkt ihr wundes Herz
und zeigt mit seinem Daumen nach oben himmelwärts.

Kein Wort kommt über seine Lippen,
ein Klotz steckt ihm im Hals.
So elend hat er sich gefühlt, nie vorher ehemals.
Er selbst hat den Halt verloren, den seine Frau ihm immer gab.
Ein letztes Mal bevor sie gehen
sehen sie in die Grube noch hinab.

Wo ist der Sinn des Schicksals, fragt er sich,
wenn uns solches widerfährt.
Diese Frage quält sie lange noch, niemand hat sie aufgeklärt.

Die Trauer

Das Leben geht nun weiter, wie scheinbar ehemals,
doch für den Vater mit den Kindern ist es das keinesfalls.
Zwei müssen schon zur Schule, der Rudolf und der Hans.
Für die Luisi reicht ihr Alter für die Schule noch nicht ganz.

Das was die Kinder erst erlebt, das hat sie tief geprägt.
Sie geben keine Antwort wenn man sie danach frägt.
Alle drei sind schweigsam, verweigern auch die Nahrung.
Der Vater weiß Bescheid, das kennt er aus Erfahrung.

Ihr Inneres ist aufgewühlt, da passt nichts in sie rein.
Sie bemerken nicht einmal den warmen Sonnenschein.
Man sieht es ihnen an wie sie trauern, wie sie leiden.
Der Vater von der kleinen Schar, der ist nicht zu beneiden.

In jenen Jahren war noch ein Fremdwort,
das Wort Psychologie.
Entweder ging man daran zu Grunde oder schafft es irgendwie.
Die Kinder welkten so dahin, Freude drang nicht in ihr Herz.
Da halfen nicht die guten Worte,
schon gar nicht half ein Scherz.

Die Luisi sprach kein Wort, schon zwei Wochen oder mehr.
Auch ihre beiden Brüder, die trauerten noch sehr.
Die Nachbarin kam öfter mal an ihrem Haus vorbei.
Auch fragte sie den Vater, ob im Haus noch Nahrung sei.

Die Buben halfen Sorge tragen,
nach der Schule auch beizeiten.
Die Luisi musste öfter schon die Mahlzeit zubereiten.
Die Zeiten waren hart um neunzehnhundertelf.
Jedes der drei Kinder war da schon ein Behelf.

Doch die Trauer nagte an der Psyche,
die Mutter fehlte ihnen sehr.
Keine neue Zuversicht kam noch zu ihnen her.
Nur trübe Tage ohne Mutter, oft weinten sie im Bett.
Wie wär das Leben schön, wenn man die Mutter hätt.

Die Trübsal wollt nicht weichen, ihr Herz zerdrückt der Gram.
Niemand, der die schwere Last von den zarten Kindern nahm.
Der Vater war ein braver Mann,
doch mit Kindertrauer zu wenig eingeübt.
Somit waren auch seine Tage von Sorgen eingetrübt.

Die Kinder waren gramgebeugt, zerknittert war ihr Herz.
Sie stellten sich die Frage, wie bewältigen den Schmerz?
Die Zeit heilt alle Wunden, das galt auch damals so.
Zwar waren sie noch traurig, des Lebens noch nicht froh,
doch ab und zu ein Sonnenstrahl, der schien schon ins Gemüt.
Sie haben schon bemerkt, dass der Frühling aufgeblüht.

Der langen Rede kurzer Sinn, auch so an jenen Tagen,
die Kinder wurden müde, denn Tod der Mutter zu beklagen.
Sie wirkten sehr erwachsen, für ihr Alter sehr gereift.
Kein Wunder, wenn die kleinen Leute
so ein Schicksalsschlag gestreift.

Eine neue Geschichte

Eine Geschichte gibt es zu berichten,
dieses Ansinnen ist nicht neu.
Ich erzähle genauso wie es war,
der Wahrheit bleib ich treu.

Oft werden Geschichten ausgeschmückt
mit Pomp und Firlefanz.
Das ist zwar gut zu lesen,
doch entspricht der Wahrheit nicht mehr ganz.

Ich könnte über einen Helden schreiben oder ein Genie.
Die Wahrheit will ich niederschreiben
und nicht gleich irgendwie.
Heute ist ein Mensch geboren,
die Zeit geht ab heute mit ihm mit.
Bevor ich beginne zu erzählen, hätt ich noch eine Bitt.

Du Leser sei nicht eingenommen, bevor du zu Ende liest.
Weil du sonst einem Irrtum unterliegst
und nicht im Bilde bist.
Wie schon erwähnt, ein Mensch kommt auf die Welt,
wie vor ihm andere seinesgleichen.
Das ist für den Fortbestand der Menschheit
bestimmt ein gutes Zeichen.

Der junge Mensch ist männlichen Geschlechts,
es ist alles an ihm dran.
Auch sonst ist er, wie die meisten Menschen,
soweit man sehen kann.

Kaum hat er sich erstmals aufgeregt,
hat zum ersten Mal geschrien,
legt man, welch übergroße Freude,
noch ein Schwesterchen zu ihm.

Ein Zwillingspärchen, ach wie niedlich,
wenn die Zeit nicht traurig wär.
Obwohl die Freude überwiegt, ist es beinahe ein Malheur.
Die Welt hatte gerade erst erlebt das allergrößte Morden.
Vor zwei Jahren ist so etwas wie Frieden erst geworden.

Die Welt ist düster noch, durch die Fenster schaut die Not.
Es ist ein allzu harter Kampf um Unterkunft und Brot.
Draußen ist es bitterkalt, der Schnee liegt fast ein Meter hoch.
Der Storch, der die Babys hat gebracht,
fand das Häuschen trotzdem doch.

Keine Wiege ist vorhanden, nicht mal ein eigenes Bett.
Hätte man ein armes Haus gesucht,
man kein ärmeres gefunden hätt.
Drei Tage sind vergangen, was kann noch schlimmer sein,
da gräbt man das kleine Schwesterchen in Friedhoferde ein.

Die eine Hälfte ist gewichen, der Tod hat sie geholt,
dabei hätte das Schwesterchen die Zweisamkeit gewollt.
Der Tod war stärker als sie selbst, es hat nicht sollen sein.
Sie ging, so vermutet man, in das Himmelreich hinein.

Den Eltern brach das Dach zusammen, die Erde tat sich auf.
Sie wollten nicht begreifen, des Schicksal harten Lauf.
Die Tage sind vergangen, mit Verzweiflung und mit Bangen,
bis endlich sich das Ehepaar von den Schmerzen hat erfangen.

Das Schwesterchen gestorben,
der Bub freut sich des Lebens.
Trotz des schweren Schicksalsschlages
war die Freude nicht vergebens.

Nicht in Windeln, nur in altes Bettzeug
war der Kleine eingedreht.
Trotz der Erbärmlichkeit in der Behausung
hat frisches Leben sich geregt.

Die Eltern sind nur Keuschler auf einer steilen Leiten.
Hier gilt nur schwere Arbeit um das Leben zu bestreiten.
Kein Strom, kein fließend Wasser,
auch sonst kein Honiglecken.
Zur Geburt der beiden Kinder bleibt man dort am Berg
schier im Schnee darinnen stecken.

Keine Straße, sowie es sie heute gibt,
nicht mal ein breiter Weg.
Die Jahreszahl und der Ort der Handlung
ist genug für den Beleg.
Das Haus aus Fichtenbalken, mit kleinen Luken dran,
so klein dass ein erwachsener Mensch
nicht mal den Kopf durchstecken kann.

Im ganzen Haus nur eine Heizung,
das ist in der Stube drin der Herd.
Der hat den darin Wohnenden
bisher wenig Wärme nur beschert.
Im Stall zwei Kühe drinnen, zehn Hühner und ein Schwein.
Wenn die Tiere übers Jahr gesund geblieben,
kann man froh darüber sein.

Die Eltern, beide fleißig, vom Leben nicht verwöhnt,
sind wegen dem Verlust des Mädchens
mit dem Schicksal noch lange nicht versöhnt.
Die Mutter, 26 Jahre alt, muss oft genug verzichten,
um ihren Sprössling zu ernähren
und ein warmes Heim zu richten.

Der Vater, 44 Jahre, kam erst kurz zuvor
ganz übel zugerichtet aus der Gefangenschaft.
Es war ganz sein Bestreben,
dass er nun das Familienleben schafft.
In diese Welt kam neues Leben, wie das Schicksal spielt so oft.
Man hat auf Gott vertraut
und auf eine bessere Zukunft stark gehofft.

In diese triste Welt ist ein neuer Mensch geboren.
Wo schon drei Tage später sein Schwesterchen
ihr Leben hat verloren.
In diese kalte Welt stellte sich nun neues Leben ein,
wo nun nur eines galt, nämlich stark genug zu sein.

Der überlebende Bub aus der Vorgeschichte, bin ich, der Autor dieses Buches. Wie es mir in meiner Kindheit ergangen ist, habe ich im Buch „Reifezeit“ beschrieben. Mein weiteres Leben bis zum Jahr 2000 wird im Buch „Die Trattenmüllers“ durchleuchtet. Was sich nachher ereignete, ist bruchstückhaft in den Büchern „Jetzt bin ich alt“, „Familiengeschichten“, „Lange Rede – kurzer Sinn“ und „ Damals“ angerissen. Wie ich über den Begriff „Die Zeit“ denke, darüber kann sich der Leser nachstehend seine Gedanken machen.

Als von unseren Nachbarn deren Kind verstarb.

Des Nachbars Kind

Des Nachbars Kind ist tot, vorbei die Lebenszeit,
damit ist zwar beendet ein jahrelanges Leid.
Doch des Nachbars Kind ist tot,
wer denkt jetzt noch an Morgen.
Des Nachbars Kind ist tot.
Wer hat noch größere Sorgen?

Des Nachbars Kind ist tot.
Die Erde tut sich auf für seine Frau und ihn.
Des Nachbars Kind ist tot.
Wenn das Schicksal er verflucht,
sei das ihm auch verzieh ‘n.

Des Nachbars Kind ist tot.
Das ist ein Schmerz, dass es das Herz zerbricht.
Des Nachbars Kind ist tot.
Wenn das Kind noch vor den Eltern stirbt,
was Schlimmeres gibt es nicht.

Des Nachbars Kind ist tot.
Was kann noch schwerer wiegen?
Des Nachbars Kind ist tot.
Der Tod hat niemand noch verschont,
der lässt sich nicht besiegen.

Die Begleiterin

Die Zeit wird mich begleiten, so lang zu leben mir vergönnt.
An die Zeit als die Begleiterin hab ich mich dran gewöhnt.
Ich hatte auch Begleiterinnen auf meinem Weg des Lebens.
Doch die Zeit mal abzuschütteln, das war für mich vergebens.

Sie begleitet mich auch wenn ich schlafe
und ich träum von schönen Frauen.
Sie ist davon nicht abzubringen mir in mein Bett zu schauen.
Wenn ich ihm Bierzelt sitze und höre Musik
mit Bass und Bums Trara.
Auch wenn ich sie nicht vermute, die Zeit ist immer da.

Wenn ich einen Text versuche und quäle mein Gehirn.
Die Zeit mir fernzuhalten, brauch ich gar nicht erst probieren.
Es gibt auch manchmal Stunden, da hab ich keine Eile,
da geht die Zeit nicht weiter, ich hab einfach Langeweile.

Mir deucht die Zeit steht still, doch das ist ein Betrug.
Die Zeit läuft trotzdem weiter, noch immer schnell genug.
Ich war einmal im Krankenhaus und hatte große Pein,
da hatte ich den großen Wunsch,
das was heute ist, könnte gestern schon gewesen sein.

Doch das waren fromme Wünsche,
dabei spielt die Zeit nicht mit.
Sie läuft ob du lustig oder schmerzverzehrt,
im gleichmäßig schnellem Schritt.
Neulich stand ich mal am Bahnhof,
doch ich bin zu spät gekommen.
Den Zug, mit dem ich reisen wollte,
hab ich in der Ferne nur vernommen.

Die Zeit ist mir vorausgelaufen, ich wankte hinterher.
Das passiert auch dann und wann mir abseits vom Zugverkehr.
In meiner Stube an der Wand hängt eine Pendeluhr.
Wenn ich hierinnen schreibe, hör ich ihr Ticken nur.

Mit jedem Sprung vom Sekundenzeiger
wirft sie die Zeit mir in den Raum.
Auch wenn ich den Zeiger stoppen würde,
würd es mir nützen kaum.
Die Zeit läuft trotzdem weiter, auch ohne Stundenschlag.
Sie läuft sprichwörtlich wie ein Uhrwerk,
gleich schnell wie Jahr und Tag.

Die Zeit wird mich begleiten, so lang zu leben mir gegönnt.
An die Zeit als die Begleiterin hab ich mich dran gewöhnt.
Einmal kommt der Sensenmann, der wird mich dann berühren,
dann drück ich meine Augen zu und werd die Zeit nicht spüren.

Was vorbei ist, ist vorbei

Was vorbei ist, ist vorbei, das sagt man so dahin.
In dieser Redensart liegt etwas Wahres drin.
Doch wer davon betroffen ist empfindet es nicht so,
denn über angenehm Vergangenes ist man selten froh.

Wenn man in der Vergangenheit
noch hielt das Glück in Händen,
dann muss es, falls diese Regel gilt,
auch schließlich einmal enden.

Was vorbei ist, ist vorbei. Weine keine Träne hinterher,
denn wenn Gewesenes vergangen ist,
dann kommt es nimmermehr.

Der Mann hielt seine Frau umschlungen,
der Junge seine Braut.
Wer von den Vieren der Glücklichste gewesen,
hätt ich zu sagen nicht getraut.

Ein Sturmwind zog vorüber mit Blitz und Donnerschlag.
Das war ein Ungewitter wie an dem jüngsten Tag.
Die Vier sind auseinander, der Sturmwind hat sie fortgeweht.
Keine von den Banden heute noch besteht.

Was vorbei ist, ist vorbei, das ist belegt in der Geschichte.
Davon geben Zeugnis ab, unzählige Berichte.
Auch wenn die Herzen bluten und der Sinn ist noch verwirrt,
kaum jemals hat Vergangenes sich in die Gegenwart verirrt.

Auch wenn die Sehnsucht nicht vergeht,
was geschah das ist vorbei.
Wunschtraum und die Realität sind der Dinge zweierlei.
Der Sturmwind ist vorüber, was bleibt ist das was er zerstört.
Die Seufzer und die Wünsche, die bleiben ungehört.

Was vorbei ist, ist vorbei, das ist ein wahres Wort.
Das Band, das sie verband, flog mit dem Sturmwind fort.
Zurück blieb nur ein leerer Raum, mit Leere ausgefüllt.
Darinnen stehen Menschen, in Trauer eingehüllt.
Die Vier die darinnen noch verweilen, denen ist nichts einerlei.
Doch wie die Redensart so lautet: Was vorbei ist, ist vorbei.

Was ist die Zeit?

Es ist ein Nichts, ich kann es nicht erfassen.
Ich greife danach, doch ich kann es nicht erhaschen.
Es bestimmt mein Sein, vom Anfang bis zum Ende
und in meinem Leben ich es stets verwende.

Es ist die Zeit, worüber ich jetzt schreibe,
von der ich an nehm´, dass sie nicht stehen bleibe.
Sie ist ein Element, das man nicht greifen kann,
sie existiert seit jeher schon, von allem Anfang an.

Nach ihr ist ausgerichtet, der gesamte Weltenlauf.
Sonne, Mond und Sterne, das Universum obendrauf.
Wenn ich die Zeit verzögern wollte,
so gelänge es mir nicht.
Sie ist nicht anzufassen und sie hat auch kein Gewicht.

Die Menschheit hat sie schon geprägt
von der Geschichte bis zur Gegenwart.
Vom Urknall bis in unsere Zeit,
bis zum Menschen unserer Art.
Die erste Art die Zeit zu messen,
die liegt in weiter Ferne.
Damals bediente man sich mit Sonne, Mond und Sterne.

In unserer modernen Welt um vieles, vieles später,
misst man die Zeit in Tausendstel,
mit dem feinsten Chronometer.
Man wünscht sich oft das Rad der Zeit zurückzudrehen.
Wenn ich die Zeit betrachten könnte,
würd ich keine Räder sehen.

Die Zeit läuft nur nach vorne, nicht einmal noch zurück.
Auch wenn man sich das wünschen würde,
nicht das geringste Stück.
Die Zeit läuft mir davon, das sagt man so dahin.
Das ist die falsche Ausdrucksweise,
da ich mir sicher bin.

Die Zeit kann auch nicht laufen, sie hat ja keine Füß´,
dass sie sich trotzdem fortbewegt,
das scheint mir ganz gewiss.
Ich will, was ich hab schlecht gemacht,
noch hin zum Guten wenden,
die Zeit vergibt mir nicht, sie zerrinnt in meinen Händen.

Wie soll die Zeit nur rinnen?
Das kann ich nicht verstehen.
Ich hab schon viel erlebt,
doch nie hab ich die Zeit rinnen noch gesehen.

Man spricht von Zeitenwende,
was ist das, will ich fragen?
Die hat noch nie gewendet, nicht früher,
auch nicht in unseren Tagen.

Die Menschheit hat stets Hass gesät
mit Kriegen und mit Schlachten.
Man hat sich gegenseitig hingemetzelt
und die Bomben krachten.

Hätte jemand auf den Knopf gedrückt
und die Zeit wär stehen blieben,
der Schwerthieb und die Explosionen
wären ausgeblieben.

Wie überall im Universum, so auch bei uns auf Erden.
Die Zeit ist das Bestimmende,
vom Sterben und vom Werden.
Wir legen uns die Zeit zurecht
mit unserer beschränkten Fantasie.
Sie wirklich zu benennen, das gelingt uns Menschen nie.

Die Zeit ist das Wesentliche
das unser Dasein immer hat bestimmt.
Sie ist auch das Entscheidende
das uns das Leben nimmt.
Wenn ich jetzt genauer hinseh, fällt mir beiläufig ein,
wäre nicht die Zeit,
könnten auch Mensch und Tier nicht sein.

Ich kann die Zeit nicht fassen,
mit Händen und Gedanken.
Sie ist mir überlegen und weist mich in ihre Schranken.
Ich nehm sie hin so wie sie ist,
wie sie mein Leben noch bestimmt
und zähle die Sekunden, bis sie mir das Leben nimmt.
Sie ist ein Nichts, ich kann sie nicht erfassen,
ich greif danach, doch ich kann sie nicht erhaschen.

Die Spanne Zeit

Als Tag verstehe ich die Spanne Zeit,
wenn es Zeit ist, morgens aufzustehen
und nach getaner Arbeit, am Abend schlafen gehen.
Jeder Tag ist einzigartig und es weiß schon jedes Kind,
dass seit dem Urknall unendlich viele Tage
schon vergangen sind.

Ich kann den Tag begrüßen und voller Freude auf ihn warten,
wenn ich als Kind besuch den schönsten Märchengarten.
Ich kann mich davor auch fürchten und voller Angst erschauern,
wenn er für mich beginnt hinter hohen Zuchthausmauern.

Mein Tag geht manches Mal
wie ein paar Augenblicke schnell dahin,
doch er wähnt mir ewig, vor allem wenn ich einsam bin.
An manchen Tagen bin ich traurig,
an manchen bin ich frohgemut.
An manchen blas ich Trübsal,
an manchen bin ich lustig und voller Übermut.

Doch mein Tag ist immer meiner und was ich mach daraus,
mach ich mir zwar oft unbewusst, doch immer selber aus.
Doch wenn mein letzter Tag dann kommt
und noch ein Funken Leben in mir wohnt,
dann hoff ich, ich erkenn ihn dann,
dass ich darauf mich vorbereiten kann.

Zeitlos

Ich lebe ohne Uhrzeit und das ist angenehm.
Mit der Sonne aufstehn und mit den Hühnern schlafen gehen.
Als ich noch am Schaffen war,
war der Tag in Minuten und Sekunden unterteilt.
Immer wieder wurde ich von zu kurzer Zeit ereilt.

Der Tag war viel zu kurz, ständig war die Zeit zu knapp.
Immer wieder ging mir ein Stück des Tages ab.
Einmal wollt ich Ruhe geben, das war mein größter Traum.
Jetzt ist es schon lang so weit,
denn Zeitprobleme hab ich kaum.

Ich lebe ohne Datum, ohne Uhrzeit ohne Zeit.
Nur oft bin ich mir nicht ganz gewiss,
ob Dienstag oder Samstag ist.

Wie schnell die Zeit vergeht

Ein Leben ist entstanden, man vor der Wiege steht.
Wie schnell die Zeit vergeht!
Es lacht und kräht ein junges Ding
dem neuen Tag entgegen.
Wie lang ist´s her, als ich selber so hab dagelegen.

Die Zeit vergeht, man merkt es kaum
mit Freuden und mit Sorgen.
Bevor man richtig es erfasst, ist es schon übermorgen.

Der kleine Knirps, ob er, ob sie,
wächst nun heran wie Hefeteig.
Man soll daran ein Beispiel nehmen,
das wär ein Fingerzeig.
Macht keine Sorgen sich um Nahrung und um Heim.
Wird trotzdem aufgepäppelt und geliebt auch ungemein.

Die Zeit die rinnt dahin, wie Wasser in dem Fluss.
Der junge Mensch nun schon zur Schule muss.
Eines schönen Tages er auch im Schulhof steht.
Wie schnell die Zeit vergeht.

Die Tage in der Schule verlaufen gut
und manches Mal auch schlimmer.
Trotz aller Kümmernisse wird er umsorgt noch immer.

Er merkt nun schon des Lebens Härte,
muss früh schon aus dem Bett.
Über viele Jahre er nun den Weg zur Schule geht.

Mit Lernen und Erfahrung sammeln reift er nun heran.
„Ich bin jetzt ausgebildet“ er beinah behaupten kann.
Ein „lobenswert“ in seinem Abschlusszeugnis steht.
Wie schnell die Zeit vergeht.

Jetzt stellt die Frage sich, was soll er noch erlernen?
Was Zukunft hat, das weiß man nie,
das steht noch in den Sternen.

Er entscheidet sich und fängt eine Lehre an
und hofft voller Zuversicht,
dass er sich hier entfalten kann.
Der junge Mensch lebt im Verband,
trotz aller Jugendsünden.
Eines Tages sagt er sich: „ Eine Familie will ich gründen“

Er sucht sich einen Partner, er sucht sie und sie sucht ihn.
Beide haben Glück, sie gehen ihren Weg,
zu zweit durch dick und dünn.
Das junge Paar auch eines Tages vor der Wiege steht.
Wie schnell die Zeit vergeht.

Sie rackern und sie quälen sich
um der Gesellschaft zu genügen.
Nur um mit dabei zu sein,
auch wenn sie sich selbst betrügen.
Die Kinder sind schon alle fort,
sie sind schon aus dem Haus.
Den Beiden fehlt die Pflichterfüllung,
so sieht es beinahe aus

Sie suchen nun den eigenen Weg,
müssen neu sich orientieren.
Die Suche sollte abgeschlossen sein,
bevor sie an Kraft verlieren.
Die Zweisamkeit der beiden Alten nun ganz oben steht.
Wie schnell die Zeit vergeht!

Die Kräfte schwinden nun dahin,
man will sie trotzdem halten,
um den letzten Lebensabschnitt
noch entsprechend zu gestalten.
Die Gesellschaft ist meist ausgerichtet
auf jugendliche Werte.
Für die Alten ist kaum Platz darin, sie trifft die volle Härte.

Die Uhr ist abgelaufen, es ist nur mehr ein Zehren.
Trotzdem läuft das Leben weiter,
man kann es nicht verwehren.
Doch eines Tages der eine vor des anderen Bahre steht.
Wie schnell die Zeit vergeht.

Der Zahn der Zeit

Was nagt an den Gebeinen? Es ist der Zahn der Zeit!
Man kann es auch bezeichnen mit der Vergänglichkeit.
Bist du nicht mehr in Mode, bist du nicht mehr gefragt,
dann hat dich schon der Zahn der Zeit
ein wenig angenagt.

Man fühlt sich noch so halbwegs,
doch irgendwie schon mies.
Der Zahn der Zeit hat dich schon angeknabbert,
das ist auch ganz gewiss.

Du möchtest ihn verleugnen,
du möchtest ihn nicht sehen,
dann rat ich dir nun folgendes:
Bleib vor deinem Spiegel stehen.
Schau einfach mal genauer hin, setz eine Brille auf.
Du bist schon ganz schön löchrig,
das ist der Lebenslauf.

Der Zahn der Zeit kennt keinen Zahnstein
und keine Karies.
Bei manchen Menschen hackt er rein,
da wird er bitterbös.
Wenn der Zahn der Zeit
auch deine Zähne nicht verschont,
so dass sie ihren Halt verlieren,
das ist man schon gewohnt.

Dass deine Haut nun aussieht wie altes Pergament,
dass deine eigene Schwiegermutter
dich nicht mehr gleich erkennt.
Du hast dich so verändert,
dass es schier zum Himmel schreit.
Wem willst du dafür danken? Es ist der Zahn der Zeit.

Einst warst du groß und kräftig,
als Mann auch noch potent.
Jetzt kriechst du fast am Boden,
bringst nur mehr zehn Prozent.
Als Frau warst du ein steiler Zahn
eine richtige Augenweide.
Jetzt hängen deine Brüste ab, ganz gehörig alle beide.

Wer ist auch hier am Werken, mit großer Fertigkeit?
Ich brauch es nicht zu sagen, es ist der Zahn der Zeit.

Wenn du schon mehr drüben bist, als hier,
ob du Mann bist oder Frau.
Dein ständiger Begleiter ist der Zahn der Zeit,
das weiß ich ganz genau.

Und wenn du in der Grube liegst und hast Erde über dir,
dann ist der Zahn der Zeit bei dir
und besorgt es dir in üblicher Manier.
Dann frisst er dich zusammen,
mit Haut und auch mit Haaren.
Falls auf deinem Kopfe überhaupt noch welche waren.

Er nagt und frisst und nagt und frisst,
bis du nicht mehr existierst
und jede Körperform und Existenz verlierst.
So ist das mit dem Zahn der Zeit,
er ist auch heute schon bei dir.
Er hat dich auch schon angenagt,
da kannst du nichts dafür.

Die Wartezeit

Ich warte auf die Zeit, die einmal kommen wird,
die auch erfüllen wird
so wie es meiner Wartezeit gebührt.
Diese Wartezeit ist voller Spannung
und voller Ungeduld.
Wenn die Ungeduld mich quält,
bin ich wohl selber schuld.

Ich könnt auch warten ohne Spannung,
so einfach locker eben.
Doch nichts ist mit der Lockerheit,
es ist ein leises Beben.
Auf was warte ich denn eigentlich,
seit dem ich denken kann?
Früher noch als Jüngling, jetzt beinah als alter Mann.

Ich kann es nicht benennen, was ich mir noch ersehne.
Ich hab genug von allem, ich so nebenbei erwähne.
Die Zeit, die geht mir ab,
das ist das, was mich so bedrückt,
denn mit den Lebensjahren bin ich schon gut bestückt.

Vielleicht wart ich auf das Ende,
das sicher kommen wird.
Einen kleinen Hauch davon, hab ich schon mal gespürt.
Meistens warte ich geduldig, doch manchmal zappelig,
wenn ich mit meinem eigenen Ich
nicht ganz im Klaren lieg.

Ich übe die Geduld, doch immer will es nicht gelingen
in diesem Falle sollte ich
über meinen eigenen Schatten springen.
Der eigene Schatten, das ist, was manchmal hemmt.
Diesen Hemmschuh schon bestimmt ein jeder kennt.

Wartezeit und Schatten, die beiden sind konträr.
Es wäre mir viel lieber,
wenn meine Wartezeit ganz ohne Schatten wär.
Warte ich auf einen Zeitpunkt oder sonst auf irgendwas?
Mit dieser Ungewissheit ich mich Tag für Tag befass.

Ich muss wohl weiter warten,
da bleibt mir gar nichts über.
Aber eines schönen Tages ist meine Wartezeit vorüber.

Wo ist die Zeit geblieben?

Sag mir wo die Zeiten sind, wo sind sie geblieben?
Alle sind von uns gegangen, die Guten und die Lieben.
Die Zeit hat es so eilig sich weiter zu entfalten.
Gestern waren wir die Jungen und heute schon die Alten.

Erst neulich habe ich geliebt, gelacht, war völlig ungebunden.
Es ist kaum zu glauben
dass inzwischen 50 Jahre sind verschwunden.
Sag mir wo die Zeiten sind, wo sind sie geblieben?
Als ich zur Schule gehen durfte, da war ich nicht mal sieben.

Bald stell ich bei meinem Alter schon eine Null dahinter.
Die Zeit vergeht für mich von Tag zu Tag geschwinder.
Die Zeit ist ruhelos, sie macht nicht einmal halt.
Vor kurzem war ich jugendlich, jetzt bin ich ziemlich alt.

Sag mir wo die Zeiten sind, wer hat sie mir genommen?
Sie sind im Strom der Zeit ins große Meer geschwommen.
Alle Lieben sind dahin, noch sind sie dagewesen.
Ihr Leben, ihre Taten sind Geschichte unterdessen.

Sie haben sich bemüht ihr Leben zu gestalten,
doch es gelang auch ihnen nicht sich daran festzuhalten.
Sag mir wo die Zeiten sind, wer hat sie abgeschafft?
Ganze Dynastien sind vom Sensenmann nur so dahingerafft.

Jeder hat für sich gehofft, er würde überleben.
Doch das hat es, soviel ich weiß, bisher noch nie gegeben.
Das Leben ist ein Würfelspiel, die Würfel sind gefallen.
Das Spiel, das setzt zum Glück
die gleichen Regeln bei uns allen.

Sag mir wo die Zeiten sind, warum stehen sie nicht still?
Doch das ist leider nur ein Wunschtraum,
auch wenn ich das so will.
Auch wenn die Menschen dies und das erfinden,
die Zeit die bleibt nicht stehen.
Wir können das am besten an unseren Kindern sehen.

Kaum schaut man weg, sind sie schon groß
und haben selbst schon Kinder.
Hinter diesem Umstand steckt nur die Zeit dahinter.
Ich geb es auf, sie anzuhalten, ich lass sie einfach laufen.
Es hilft mein Grübeln nicht, nicht mal das Haare raufen.

Die Zeit und das Alter

Die Zeit ist ein gar garstig` Ding, sie lässt sich nicht beirren.
Sie ist die Kontinuität in den gesellschaftlichen Wirren.
Mal plätschert sie dahin, mal verändert sie die Welt.
Der Mensch in seiner Erbärmlichkeit
ist in die Zeit hineingestellt.

Er glaubt, er hat die Zeit im Griff, doch da irrt er sich gewaltig.
Wie die Zeit den Menschen täuscht, das ist gar mannigfaltig.
Erst ist er jung, da ist sie ihm zumindest nebensächlich.
Wie er die Zeit versteht, ist meistens oberflächlich.

Später kommen Jahre, wo er die Zeit sich strafft.
Er will die Zeit sich gefügig machen mit seiner Schaffenskraft.
Dass ihm das gelingen mag, ist nur ein blinder Wahn.
Sein Leben schaukelt in der Zeit wie im Ozean ein Kahn.

Er muss es nehmen wie es kommt, ob Freude oder Pein.
Wenn er glaubt, er ist der Zeit voraus, holt sie ihn wieder ein,
bis er zur Einsicht kommt, sich vergeblich abzumühen.
Auch wird ihm zur Gewissheit, dass ihm keine Rosen blühen.

Die Zeit läuft trotzdem weiter, ungeachtet seiner Sorgen.
Bevor er es begreift ist es schon übermorgen.
Die Zeit bewegt sich weiter vorwärts, keineswegs zurück.
Sie bewegt sich ohne Unterlass nach vor in einem Stück.

An seinem Nachwuchs sieht er es,
auch an anderen Lebewesen.
Morgen ist die Zukunft und gestern ist gewesen.
Die Zeit ist unermüdlich, verflossen sind die Jahre.
Es schmerzt so manches Zipperlein
und grau sind schon die Haare.

Die Zeit verfliegt im Sauseschritt,
viel zu schnell wie ihm nun deucht.
Er versucht sie anzuhalten, die ihm zu schnell entfleucht.
Das Alter macht ihn schon behäbig,
er kommt mit dem Zeitstrom nicht mehr mit.
Er hält mit seinen Sinnen mit der Geschwindigkeit nicht Schritt.

In seinen letzten Tagen läuft ihm die Zeit davon.
Da verteilt die Zeit für seine Lebenszeit
noch den gerechten Lohn.

Erst wenn er vom Leben Abschied nimmt,
bleibt sie erstmals für ihn stehen.
Auch wenn sie für ihn stille steht,
wird sie trotzdem weitergehen.

Die Zeit heilt alle Wunden

„Die Zeit heilt alle Wunden" das ist ein unnütz´ Wort.
Auch wenn die Zeit vergeht, sie schmerzen weiter fort.
Wenn der Tatbestand bestimmend ist gewesen,
kann man sie zwar negieren, doch niemals ganz vergessen.

Mit der Zeit wächst Gras darüber,
über so manchen dunklen Wust,
doch das Übel bleibt trotz Überwucherung
für die meisten ganz bewusst.

Vieles gerät zwar in Vergessenheit,
doch man ist nicht taub und blind,
auch wenn das Fleisch schon halb verfault
und die Knochen mürbe sind.

Man sagt, das bringt die Zeit mit sich,
wenn man nicht weiter weiß.
Die Zeit ist zwar ein Transporteur, doch weder laut noch leis.
Sie ist für alles Leben das gewisse Um und A.
In der Zeit drehen sich die Erde weiter und unser Lebenslauf.

Zur Eigenschaft der Zeit, dazu hätt ich viele Fragen.
Wer kann gerad und ehrlich mir eine Antwort sagen?
Ist die Zeit ein Ganzes, das kann mich schlicht verwirren
oder muss ich vergangene Tage vom Ganzen subtrahieren?

Wenn die Zeit ein Ganzes ist und unendlich weiter rinnt,
so wird sie niemals enden, damit eine neue Zeit beginnt.
Hat die Zeit schon vor dem Urknall angefangen
oder ein wenig erst danach?
Als der Allmächtige, laut Überlieferung,
„es werde Leben“, sprach?

Der Mensch vergeht, ganze Völker sind vergangen.
Die Zeit war lange da bevor die Menschheit angefangen.
Der Mensch kam erst in der Geschichte vor zwei Minuten an,
während die Erdgeschichte
vor vierundzwanzig Stunden schon begann.

Dass weiter Zeit vergeht, das ist nun ganz gewiss.
Ob wir leben oder nicht, das ist kein Hindernis.
Wir sind zu Gast auf Erden, einen kurzen Augenblick.
Die Menschheit lebt im Lauf der Zeit
erst ein unwichtig kurzes Stück.

Ich möchte die Zeit erfassen, mit allen meinen Sinnen,
doch bis ich sie begreife, wird sie wahrscheinlich,
mir durch die Finger rinnen.

Die Zeit rückwärts drehen

Die Zeit trägt die Geschichten fort,
weit in die Vergangenheit hinein.
So gesehen muss die Zeit ein Transportmittel sein.
Was heute noch die Gegenwart, ist morgen schon dahin.
So manche gute Tat ist in der Versenkung drin.

So mancher Mensch Gewalt und Betrügerei erfährt.
Die Zeit macht es auch möglich, dass dieses sich verjährt.
Der Mensch beachtet nicht die Zeit
denn das ist nicht angenehm.
Er lebt so in den Tag hinein, das ist für ihn bequem.

Könnt ich sie rückwärts drehen, wie sehe dann die Sache aus?
Der Greis, der schon gestorben ist, steigt aus dem Sarg hinaus.
Er kommt zwar krank und zitterig auf schwachem Bein daher,
doch von Tag zu Tag verbessert sich sein Zustand immer mehr.

Von Jahr zu Jahr wird stärker er, es kommt zurück die Kraft.
Zurück kommt auch die Manneskraft, bald steht er voll in Saft.
Er wird jünger und agiler, das soll man nicht vergessen,
denn die Zeit die ich zurück nun drehe,
läuft rückwärts unterdessen.

Seine Ehe die schon abgekühlt, wird wärmer mit der Zeit,
denn jetzt werden sie gemeinsam, früher waren sie zu zweit.
Er hat noch Pläne für die Zeit, die hat er mal besessen,
denn die Zeit läuft rückwärts jetzt,
das soll man nicht vergessen.

Die Frau kommt ihm abhanden, er kennt sie jetzt nicht mehr.
Er macht sich keinen Reim daraus, das ist jetzt kein Malheur.
Bald sitzt er auf der Schulbank,
lernt rechnen und auch schreiben,
doch wird für ihn der Zustand nicht all zulange bleiben.

Der Kindergarten freut ihn jetzt, das ist sein Horizont,
denn außer spielen mit den Kindern hat er nichts mehr gekonnt.
Bald liegt er in den Windeln und schreit nach Mutters Brust.
Dass die Zeit nun rückwärts läuft, das ist ihm nicht bewusst.

Wie alles Mal ein Ende hat, so wird es bei ihm sein,
denn er schlüpft auch eines Tages
zurück in den Mutterleib hinein.
Neun Monat wird es dauern, doch das ihn kaum noch stört.
Der Samen fliest dorthin zurück, wohin er auch gehört.

Die Zeit rennt uns voraus

Wir gehen mit der Zeit, das sagt man so dahin,
doch in dieser Oberflächlichkeit ist nicht viel Wahres drin.
Die Zeit läuft uns voraus, wir hinken hinterher.
Dass wir ständig hinten sind, das ist für uns prekär.

Weil meistens manches heute nötig wäre,
doch wir erst morgen reagieren.
Weil wir in unserer Bequemlichkeit das Böse nicht parieren.
Wenn wir heute was vollbringen, die Zeit läuft uns voraus,
denn der richtige Zeitpunkt, der ist schon meistens aus.

Ich mach etwas spontan und mach es richtig schnell.
Ich will die Zeit einholen, ich mach es auf der Stell.
Auch wenn meine Tat nur Augenblicke währt,
komm ich an die Zeit nicht ran, das ist es, was mich stört.

Ein Augenblick ist nur vergangen, die Zeit ist schon dahin.
Mit meiner Tat ich in der Vergangenheit schon bin.
Kommt eine Katastrophe, ich kann sie nicht verhindern.
Ich könnte bestenfalls versuchen, den Schaden zu vermindern.

Die Zeit ist schlüpfrig wie ein Fisch,
man kann sie nicht erhaschen.
Sie ist nicht festzuhalten, sie schlüpft durch alle Maschen.

Man misst sie in Sekunden, in Nano und noch kleiner,
das ist in der Bemessung um tausendfach noch feiner.

Doch immer ist sie uns voraus, egal wie ich sie messe.
Das sag ich noch einmal, bevor diese Weisheit ich vergesse.
Ich müsste in der Zukunft etwas machen können,
dann wäre ich der Zeit voraus.
Doch das ist noch niemanden gelungen, genauso sieht es aus.

Wäre ich am Puls der Zeit, ich könnte nicht am Leben sein.
Das wäre ganz unmöglich, das sehe ich jetzt ein.
Ich hinke auch in diesem Fall nur immer hinterdrein.
Ich kann daran nichts ändern, deshalb bin ich ganz verdrossen,
denn während meiner Zeugung ist auch schon Zeit verflossen.

Die Zeit wie sie mich drückt

Die Zeit will ich erhaschen, ich versuch sie anzupacken,
doch die Sache läuft verkehrt herum,
sie sitzt mir fest im Nacken.
Ich spüre schon wie sie mich drückt, sie gibt jetzt keine Ruh.
Sie drückt auf meine Schultern und ein Jahr legt sie noch zu.

Früher als ich jung war, hab ich die Zeit noch nicht gespürt,
da hab ich manches fesche Mädel zu mir nach Haus geführt.
Die Zeit ist damals auch gelaufen,
doch hab ich sie nicht bemerkt.
Sie hat für mich ganz heimlich im Verborgenen gewerkt.

Die Zeit war überhaupt kein Thema,
oft lag ich im Sonnenschein.
Wie es sich schon mal ergab, war ich nicht immer ganz allein.

So manchen schönen Sommertag
schien mir die Sonne ins Gesicht.
Die Zeit in meinem Nacken, die spürte ich noch nicht.

Später hat die Zeit mich auch begleitet,
durch Tal und Bergeshöhen.
Ich hab sie öfters schon gespürt, doch leider nie gesehen.
Die Jahre sind vergangen, mein Nacken ist oft schwer.
Jetzt komme ich schon ab und zu, gebückt des Weges her.

Wenn ich die Last verspüre, dann richte ich mich auf.
Dass mancher deshalb höhnisch lächelt, nehme ich in Kauf.
Ich rüttle mich, ich schüttle mich, vom Kreuz rutscht mir die Zeit.
Sobald sie von mir runter rutscht, bin ich zur Tat bereit.

Dann denk ich an die Jugendzeit, an Mädchen und an Liebe.
Dass diese Zeit nun lange noch, mir im Gedächtnis bliebe.
Ich könnt, ich würd, ich möchte,
noch manche Dummheit machen.
Doch wär ich mir nicht sicher, ob nicht andere Leute lachen.

Einerseits noch Sonnenschein und im Haar den Blumenkranz,
andrerseits die Zahl der Jahre, das ist die Diskrepanz.
Wie soll ich mich verhalten, soll mit der Zeit ich gehen?
Soll ich mit der Zeit im Nacken nur einfach stille stehen?

Ich warte nicht auf eine Antwort, ich geb sie selber mir.
Ich mach es wie bisher im Leben, auch wenn ich mich blamier.
Wenn sie mich niederdrückt, richte ich mich wieder auf,
dann spüre ich die Zeit nicht mehr, auf meinem Nacken drauf.

Ich gebe dir den guten Rat und befolge ihn von Zeit zu Zeit.
Richte dich zur vollen Größe auf,
sei zu mancher Tat bereit.

Rüttle dich und schüttle dich, das macht sich gleich bezahlt.
Man wird auch ohnehin, schnell genug noch alt.

Die Zeit und die Vergangenheit

Ich habe öfters schon behauptet,
man kann die Vergangenheit nicht sehen.
Jetzt werde ich ausnahmsweise nicht zu meinem Worte stehen.
Ich sehe die Vergangenheit und das ist ganz korrekt.
Was ich hier behaupte, mit der Wissenschaft sich deckt.

Ich sehe den Sternenhimmel des Nachts, fürs Leben gerne.
Sie blinken mir mit ihrem Schein aus unendlich weiter Ferne.
Wenn ich sie sehe, wie sie mir blinken
ist die Zeit verschiedentlich,
denn ihr Schein erreicht erst nach Jahren
auf der Erde unten mich.

So mancher wird sich fragen: wie rechnet sich das bloß?
Der Lichtschein braucht so lange, die Entfernung ist so groß.
Diese Antwort gebe ich darauf, dafür steh ich nicht allein.
Erst nach Jahren durch das Weltall, trifft ihr Blinken bei mir ein.

Manche Sterne sind entfernt, ein Jahrtausend und noch mehr.
Mit den Teleskopen holt man ihr Licht auf unsere Erde her.
Jetzt bau ich eine Hühnerleiter, sie dient zum Denkanstoß.
Zu weit ist unser Universum, der Zeitensprung zu groß.

Wenn ich den Stern betrachte, ich fixiere seinen Schein,
dann sehe ich dank der Entfernung,
in die Vergangenheit hinein.
Tausend Lichtjahr die Entfernung heißt, tausend Jahr zurück.
Ich sehe die Vergangenheit, das nenne ich jetzt Glück.

Wenn ich nach den Sternen schaue,
je nach der Weite in den Raum,
dann sehe ich die Vergangenheit, das ist kein übler Traum.
Man hat in den Weltraum reingesehen, ein Stern ist explodiert.
Das kommt nicht alle Tage vor, man hat es registriert.

Die Explosion hat man bemerkt, das bewertet man als Glück,
doch die Explosion die man gesehen, liegt tausend Jahr zurück.
Die Zeit ist auch hier am Werken, so wird es immer sein.
Ich hab sie überlistet, denn ich seh in die Vergangenheit hinein.

Die Zeit

Zuletzt ereilt dich immer nur der Tod.
Du kennst noch nicht dein letztes Morgenrot.

Zuletzt: Zuletzt ist unausweichlich, sonst wär es nicht zuletzt.
Dieses bedeutungsvolle Wort, ist für ein Ende stets gesetzt.

Zuletzt kann ich auch lachen,
aber es kommt hinterher nichts mehr.
Es ist ein unscheinbares Wörtchen,
trotzdem bewegt es mich doch sehr.

Zuletzt wird abgerechnet, mit der Welt und dem Gewissen,
um nicht mitzuschleppen müssen, die Gewissensbissen.
Zuletzt wird reiner Tisch gemacht,
von den Bröseln und den Krumen.
Damit jedwelche Tratschereien hinterher verstummen.

Zuletzt kann auch anderes bedeuten,
wenn ich sage, das mache ich zuletzt.
Zuletzt wird nicht zuletzt dann bleiben,
wenn noch eine Tat ich hinterher gesetzt.

Ereilt: Ich hab mein Leben mir in Perioden eingeteilt.
Ich kann auch heute sagen, es hat mich was ereilt.
Ob Glück, ob Liebe, Enttäuschung oder Pech.
Ob Wohlstand, Reichtum, Gold und Silber
oder Dukaten nur aus Blech.

Die Liebe hat mich mal ereilt, mich richtig in Besitz genommen.
Die Welt war himmelblau, die Konturen leicht verschwommen.
Ich war noch jung, kaum sechszehn Lenze alt,
da hat sie mich heimgesucht, mit starker Urgewalt.

Sie ist verflogen irgendwie, wie ein Luftballon im Äther.
Ereilt hat mich auch mancherlei,
auf dem Lebensweg dann später.
Sei es Hitze oder Sturm, ein Hagel Ungewitter.
Auf das Leben umgemünzt, war vieles auch gar bitter.

Jetzt bin ich reif wie ein roter Apfel, ich habe keine Eile.
Dass mich der Tod noch nicht ereilt, hoff ich noch eine Weile.

Dich

Immer: Ob Dich, ob mich, ob unsereins,
uns treffen kann es immer.
Kommt es einmal unverhofft, ist es womöglich schlimmer.
Immer ist ein klares Wort, ist deutlich in der Ausdrucksweise.
Immer ist unumstößlich, es braucht nicht erst Beweise.

Immer ist nicht ab und zu und schon gar nicht hie und da.
Wer „immer" nicht ganz wörtlich nimmt, der redet nur bla-bla.

Wer immer sagt und immer meint,
der braucht kein anderes Wort,
denn immer gilt für immer und immer, immerfort.

Nur der

Tod: Nur der Tod ist unausweichlich,
allen Anderem kann ich fliehen.
Wenn mich ein Unglück hier ereilt, kann ich von dannen ziehen.
Nur der Tod steht da zuletzt und wartet mit Geduld.
Dass wir alle sterben müssen, wer ist daran nur schuld?

Nur der Tod ist sicher mir,
nicht Glück, nicht Reichtum oder Ehre.
Ich weiß, ich kann ihm nicht entfliehen,
ich mich gar nicht ihm verwehre.
Nur der Tod hält unsere Zügel straff gespannt,
seit unseren ersten Tagen.
Ob er mal eine Ausnahm` macht,
brauch ich erst gar nicht fragen.

Nur der Tod ist pflichtbewusst,
er hat noch auf niemanden vergessen.
Zuletzt ist für den Menschen immer noch
Station beim Tod gewesen.

Jetzt hab ich aufgegliedert die Buchstaben
vom Wörtchen „Zeit."
Soll ich es genauer noch erklären, dazu wär ich bereit.
Von „zuletzt" nahm ich das „Z" und setzt` es vorne hin.
Von „ereilt" nahm ich das „e", das steht inmitten drin.
Das „i" von „immer" setzt` ich noch hinterdrein.
Dass der „Tod" mich nicht verschont, da kann ich sicher sein.

Die Zeit erörtern

Ich will jetzt eine Zeitlang, ohne Zeitdruck, jedoch noch zeitig,
zeitlich leicht begrenzt, im Zeitraum einer Spanne Zeit,
denn Begriff „ Die Zeit“ erörtern.
Mit Zeitmaschine, Zeitumstände, Zeitansage, Zeitaufwand,
Zeitberechnung und auch noch anderen Wörtern.

Zeitabhängig bin ich nicht,
wenn Ich das Zeitgeschehen kommentier.
Wenn die Zeitgeschichte und die Zeitenfolge
in gewiesen Zeitabständen ich kaschier.
Mal versuche ich es im Zeitenraffer,
und im Lupentempo den Zeitsinn zu erfassen.
Ich möchte ohne Zeitangabe und Zeitbestimmung
auf mich die Zeitenfrage wirken lassen.

Ich möchte auch gewisse Zeitabschnitte
und den Zeitablauf noch zeitgerecht erkunden.
Dabei hoffe ich auf Zeitersparnis,
wenn ich den Zeitgeist zeitgemäß durchmesse
in vielen Stunden.

Die Geschichte zeitkonform erforschen,
ist recht zeitaufwendig,
so ich zeitbedingt mich zeitgeschichtlich informier.
Es könnt schon sein, dass ich mich mit den Begriffen:
Zeitbegriff, Zeiterfassung, Zeiterscheinung, ordentlich blamier.

Zeitlebens betreibe ich Zeitkritik,
träum in eine Zeitreise mich hinein.
Zeitrechnung und der Zeitplan sowie die Zeitabläufe
könnten hier der Zeitenfaktor sein.

Die Zeitdauer ist von Wichtigkeit, Zeitdehnung ebenso.
Das Zeitgeschehen und die Zeitgeschichte sind das A und O.

Wie eine Zeitbombe könnt es wirken,
wenn Zeitmangel das Zeitmaß inhaliert.
Dann ist es um den Zeitplan, um den Zeitpunkt
und um die Zeitlosigkeit passiert.

Ich versuche jetzt die Zeitform und die Zeiteinteilung
auf die Zeitenwende vorzubereiten,
mit Zeitgewinn den Zeitgrund und den Zeitgeschmack
zeitkritisch zu bestreiten.

Zeitnehmer betreiben von Zeit zu Zeit Zeitmessung,
zeitsparend, zeitgebunden.
Der Zeitgenosse hat in Zeitnot sein Zeitdokument gefunden.

Im Zeitalter der kunterbunten Zeitschrift liest der Zeitsoldat
zeitsparend seine Zeitung.
Zeitgenössisch bemühe ich mich jetzt um einen Zeitausgleich,
denn meine Mühe hat Erfolg gezeitigt,
obwohl ich dieses hier geschrieben habe,
ohne große Vorbereitung.

Zeit und die Sanduhr

Als ich geboren wurde, im fernen Jahre Schnee,
da riefen meine Eltern vor Freude laut „juchhe."
Irgendjemand hat gleich danach zu meinem Bett
eine Sanduhr hingestellt.
Es hat niemand mich gefragt, ob sie mir auch gefällt.

Der Sand begann zu rieseln, in einem dünnen Band.
Sand war darinnen genug vorhanden, feiner weißer Sand.

Die Sanduhr hat ihre Pflicht erfüllt, von mir nicht mal beachtet.
Kaum jemals habe ich in meiner Jugend
die Sanduhr auch betrachtet.

Ich lebte in den Tag hinein, mal schlechter und mal besser.
Im unteren Glas der Sanduhr
wurde das Häufchen immer grösser.
Die erste Liebe kam, das erste Mädchen führt` ich heim.
Noch blickte ich in dieser Zeit, in die Sanduhr kaum hinein.

Als ich dann später meine Frau zum Traualtar geführt,
hat sich in der Sanduhr auch ständig was gerührt.
Die Sanduhr, die mir beigestellt, beachtete ich nicht,
denn das Leben hielt mich fest im Griff,
ich hatte manche Pflicht.

Die Jahre sind vergangen, sie flogen gleich dahin,
da sah ich öfter schon zur Sanduhr heimlich hin.
Ein dünner Faden lief von oben runter ins umgekehrte Glas.
Ich schätzte schon die beiden Hälften so grob im Augenmaß.

Weiter rieselte der Sand ins untere Glas hinein.
Nach meiner Schätzung würde damals das Häufchen oben
noch ein wenig grösser sein.
Ich ließ weiter Zeit verrinnen, was sollte ich anderes tun?
Mein Leben bestand aus sehr viel Mühsal
ohne kaum mal auszuruhn.

Da sah ich, dass der Sand von oben in der Menge,
dem von unten schon beinahe gleicht.
So gesehen war meine Lebenszeit zur Hälfte schon erreicht.

Ab jetzt ließ ich die Sanduhr
aus meinem Blickfeld nicht mehr los.
Dass der Sand ab nun nicht schneller läuft,
war meine Sorge groß.

Mir dünkte Tag für Tag, der Sand der läuft jetzt schneller.
Mein Leben sah ich schon rotieren, wie auf dem Plattenteller.
Sorgenvoll beäugte ich die beiden Haufen,
den oben und den unten.
Der oben nimmt rapide ab, das habe ich befunden.

Die Tage flogen fort von mir, die Wochen und die Jahre.
Dass die Sanduhr weiterhin so eilt, Gott mich davor bewahre.
Der Sand von oben ist jetzt unten zu dreiviertel,
wo ich gerade steh.
Mit sehr viel Glück kann auf ein Viertel ich noch hoffen,
das ist mein Resümee.

Es kommt einmal der Tag, da ist meine Lebenszeit herum.
Hoffentlich dreht dann auch jemand zeitgerecht
die Sanduhr wieder um.

Als die Zeit hat stillgestanden

Eines Tages war die Zeit mal aus, nur so aus heiterem Himmel.
Stehen blieb des Nachbarn Hund
und auch des Nachbarn Schimmel.
Weil sie zum Atmen Zeit benötigten,
stellten sie auch dieses ein.
Am Hof war Totenstille, es grunzt` nicht mal ein Schwein.

Der Bauer, selbst ein braver Mann, der kannte keine Ruhe.
Er blieb wie angewurzelt stehen, in der Hand die Schiebetruhe.
So stand er da, war regungslos, zu nichts war er bereit,
denn zu jeder Tätigkeit, verbrauchte er auch Zeit.

Die aber stand, war nicht mehr Zeit, ihre Batterien waren leer.
Auch die Erde um die eigene Achse, drehte nun nicht mehr.
Im Weltraum rotierte alles weiter, nur die Erde die stand still.
Das hat es so noch nie gegeben,
da kann man sagen was man will.

Den Zustand weiter zu beschreiben,
das ist mir nicht mehr möglich,
denn ohne Zeit ein Buch zu schreiben,
daran scheitere ich kläglich.

Da geht ein Ruck durch das Gefüge und weiter läuft die Zeit.
Am Bauernhof rennt Kind und Kegel
und im Wald der Kuckuck schreit.
Die Erde nimmt die Drehung auf, denn nichts geht ohne Drall.
Der Ochs im Stall lässt Wasser ab, in einem starken Strahl.

Die Bäuerin putzt das Essgeschirr,
so als wäre nichts geschehen,
denn während die Zeit hat stillgestanden,
hat man auch nichts gesehen.

Ich schreibe weiter meinen Text, mir fällt wieder etwas ein,
doch manchmal wenn ich ein Blackout habe,
muss die Zeit wohl stillgestanden sein.

Er hat die Zeit gedehnt

Der Franz ist sonst ein braver Mann,
doch ihn quält auch die Periode.
Ständig bei der Frau zu sitzen, das ist nicht mehr in Mode.
In vier Wochen Zeitabstand, in drei Wochen oder zwei,
sind ihm das Familienglück und das Ehebett gänzlich einerlei.

Da treibt es ihn hinaus des Nachts,
auf die kalten leeren Straßen.
Was der Franz da auf sich nimmt, das ist nicht leicht zu fassen.
Anstatt im warmen Bett zu feiern, in den Armen seiner Frau,
macht er beinahe regelmäßig in zwei Wochen einmal blau.

Da treibt es ihn mal hin mal her, er ist voller Ungeduld.
Wenn seine Frau ihn dann zu Rede stellt,
sagt er: „der Durst ist daran schuld!"

Er sagt zu seiner Liebsten in höflich leisem Ton:
„In zwei Stunden bin ich hier zurück, bei dir zu Hause schon.
Dass ich nun gerne gehe, das sollst nicht glauben du."
Da zieht er sich sein Jöppchen an
und die frisch geputzten Schuh.

Kaum ist er zur Tür hinaus, wird das Herz ihm frei und weit.
Heut ist er, weiß der Teufel was, zu mancherlei bereit.
Ein Kumpel wartet an der Kreuzung, es gibt ein Mordshallo.
„Heut lassen wir die Sau heraus, heut machen wir das so."

Zwei Stunden sind im Flug vorbei,
sie sind noch nicht mal warm.
Um jetzt schon heimzugehen,
bräuchten sie einen bärenstarken Arm.

Weiter läuft die Fete, mit Hallo und Bums Trara.
Da sind beim Franz schon ab und zu Gewissensbisse da.

Ach was, denkt sich der Franz, ich werde überziehen,
das Leben ist zu kurz um nur zu schlafen,
die Zeit ist nur geliehen.
Die Gedanken an die Frau die lässt er gar nicht zu.
Schon wieder haben seine Freunde überredet ihn im Nu.

So geht die Nacht vorbei,
er kann schon das Morgengrauen sehen.
Dem Franz graut auch davor, vor seiner Frau zu stehen.
Aus zwei Stunden sind es acht geworden,
als er besoffen an der Haustür lehnt.
Zu seiner Frau sagt er dann später: „Ich hab die Zeit gedehnt.“

Zeitreise

Eine Zeitreise tret ich rückwärts an, hinein in die Vergangenheit.
Daran will ich mich gewöhnen, dazu bin ich bereit.
Ich leg den Schalter um und zurück läuft nun die Zeit.
Zweihundert Jahre lass ich sie nun rückwärts laufen
bis Napoleon hin weit.

Den Zeitraum kann ich überblicken, mit meiner Fantasie.
Diese Zeit ist mir zwar unbekannt, denn da war ich vorher nie.
Doch jetzt zurück ein Blick ins Dunkel der Geschichte.
Es hat sich so ähnlich abgespielt, so wie ich jetzt berichte.

Napoleon war ein strenger Mann, von Körperwuchs zwar klein,
doch meisten wollen kleine Leute die allergrößten sein.

Er hat Europa überzogen mit Krieg und Not und Pest.
Seine Feinde waren auch nicht besser,
sie vollzogen noch den Rest.

Dahin getrampelt war das Volk, keine Früchte mehr am Feld.
Denn die Soldaten haben gratis ihre Nahrung sich bestellt.
Kaum ein Mann war mehr zu Hause, alle spielten Militär.
Es herrschte Not und Elend, die Lage war prekär.

Napoleon zog übers Land, bis vor Moskau zog es ihn.
Von dort musste er vor Russlands Kälte
mit Schrecken heimwärts flieh´n.
Bald darauf ist wiedermal die Kunde übers Land geflogen.
Napoleon ist mit neuem Heer gegen Leipzig hingezogen.

Als Völkerschlacht bei Leipzig ging das Gemetzel
in die Geschichte ein.
Das sollte für Napoleon nun doch das Ende sein.
Doch wie ein Stehaufmännchen, war er bald wieder da.
Die Soldaten, die für ihn nun kämpften,
holte er aus fern und nah.

Europa blies zum Großangriff, ihn endlich zu besiegen.
Mit vereinten Kräften konnte man ihn bei Waterloo auch biegen.
Man schob das Übel fort von hier, in den fernen Ozean.
Auf St. Helena für Napoleon somit der Ruhestand begann.

Das alles schreibt sich so leicht, als wären es Gedichte.
Doch grausam und voller Schmerzensschreie
war diese Zeit in der Geschichte.
Die Häuser abgebrannt, die Felder lang verdorben.
Die Bevölkerung war dezimiert, fast zur Hälfte sie verstorben.

Hunger und Entbehrung, dazu des Krieges Los.
Die Sorge um das tägliche Brot war bei den Menschen groß.
Niemand hat die Leichen nachgezählt,
aus Krieg und Pest und Hungersnot.
Auf dem Schlachtfeld war die Erde
von der Kriegsknecht Blute rot.

Verendet sind dort Ross und Reiter im Feuer der Geschütze.
Das Blut von den Getöteten füllte nicht nur eine Pfütze.
Mir graust in dieser Zeit zu leben, ich will daraus heraus.
Deshalb schalt ich meine Reise durch die Zeit
mit Freuden wieder aus.

Zurück bin ich wieder in der Gegenwart
und bin des Lebens froh.
Es läuft zwar auch heute nicht alles wie es soll,
doch ist es noch lang nicht ebenso.

Kommt Zeit, kommt Rat

Da lebt der eine mit dem andern schon lange Tür an Tür.
An dem Streit, der beide zornig macht, kann keiner was dafür.
Immer ist der andere schuld, er selber kann es nicht sein.
Der andere hat angefangen, drauf schwört man Stein und Pein.

Wie räumt man dieses Übel aus? Nur über die Gerichte.
Man will doch endlich Recht bekommen,
in dieser leidlichen Geschichte.
Der Richter ist ein kluger Mann, hier kann er sich entfalten.
Den Termin verschiebt er auf nächstes Jahr,
er lässt die Zeit nun walten.

Der Richter denkt, welch schlauer Fuchs,
die Zeit wird es schon richten.
Lässt man die Zeit nur werken,
braucht man den Streit nicht schlichten.
Die Zeit deckt manches Übel zu, sie zieht ihren Mantel drüber,
denn mit der Zeit ist so mancher Streithals
in die Ewigkeit hinüber.

Der Richter sollte Recht behalten, zwar leben beide weiter,
trotzdem ist der Gemütszustand bei beiden wieder heiter.
Der Streit ist abgeflaut, wie ein Feuer ohne Nahrung.
Sie halten ihren Groll vorläufig in Verwahrung.

Beide denken sie dasselbe, der Friede ist doch alles.
Streiten kann man immer noch, für den Fall des Falles.
So wie es diesen beiden ist ergangen,
in ihrem kleinen Haus,
so verschiebt man auch auf hoher Ebene
die Probleme in die Zeit hinaus.

Was heut nicht mehr zu schaffen ist,
wird fertig vielleicht morgen.
Doch wenn morgen was dazwischen kommt,
dann wird es übermorgen.
Dasselbe gilt beim Flüchtlingsstrom, der halb Europa überrollt.
„Das Boot ist voll“, so hört man oft
doch das ist weit daher geholt.

Jeder hat hier was zu sagen, auch wenn nicht kompetent.
Man tut so, als ob man täte, doch wenig konsequent.
Es ist ein Gerede und Geschiebe um Zahlen und um Fakten.
Man will Tatsachen nicht erkennen, vor allem nicht die nackten.

Die Zeit wird es schon richten, so denkt man im Geheimen.
Was sie sich noch so denken, lässt sich zusammenreimen.
Kommt Zeit, kommt Rat, schon kehrt der Winter ein.
Vielleicht wird bis dahin das Mittelmeer,
wenn schon nicht ausgetrocknet, dann zugefroren sein.

Die Zeit ist stehen blieben

Ich war einmal vor langer Zeit, ich kann mich gut erinnern,
an einem Ort, in einem Haus, damals mit vielen Zimmern.
Damals war es nobel, für mich war es perfekt.
Damals hat es mehr als nur mein Bedürfnis abgedeckt.

Nach vielen, vielen Jahren
bin ich mal wieder an jenen Ort gekommen.
Jenes noble Haus noch einmal aufzusuchen,
hab ich mir vorgenommen.
Wie staunte ich, als ich vor kurzem
an jenem Ort bin eingetroffen.
Die Zeit ist stehen blieben, das sage ich ganz offen.

Es hat sich nichts verändert, nur der Name klingt modern.
Der Standard und die Bezeichnung dessen, sind einander fern.
Es ist alles wie es früher war, man hat nur unbenannt.
Die Eingangshalle habe ich als Vorhaus nur gekannt.

Das Stüberl heißt jetzt Roter Saal,
der Teich jetzt Swimmingpool.
Die Bezeichnung hebt die Klasse,
denn für die Gäste klingt das cool.
Im ersten Stock den Bücherschrank nennt man jetzt Bibliothek.
Die Kammer mit den drei Geräten
nennt man Fitnessraum jetzt keck.

Das Zimmerl mit dem Kanapee ist preiswert aufgestiegen.
Der Preis für Speis und Trank ist mehr als nur gediegen.
Mit Panoramablick und Bio steigt man auf in lichte Höhen.
Man nascht dort heimlich mit,
wo sonst vier Stern am Giebel stehen.

Die Preise hat man angepasst an dem was man erträumt.
Nur das Angebot den Preisen anzupassen
hat man schlicht versäumt.

„Kleider machen Leute“ dieser Spruch fällt mir jetzt ein.
Hier muss wohl die Bezeichnung ein geeignet Mittel sein.
Der Standard wie vor vierzig Jahren, die Preise weit voraus.
Das will ich mir nicht eingestehen, nicht in einem noblen Haus.

Die Zeit ist stehen blieben, man tut nur so leger,
aber ohne Zutun kommt der Standard nicht mit der Zeit daher.

Zu wenig ausgenützt

Die meiste Zeit blieb ungenützt, das kann man im Alter sehen.
Die Zeit entsprechend auszunützen
wir in der Jugend nicht verstehen.
Da hat man Zeit genug, man lässt sie einfach rinnen.
Ohne es bewusst zu werden ist manches Jahr von hinnen.

Ich hab sie selbst nicht ausgenützt nach meinen Fähigkeiten.
Oft habe ich gedacht, das kommt schon noch beizeiten.
Beizeiten ist vorüber, jetzt sind die Möglichkeiten rar.
Jetzt kommt die Einsicht viel zu spät,
dass ich viel zu wenig zeitbeflissen war.

Wie wär ich jetzt oft froh darüber
über die zu schlecht genutzte Zeit,
doch die ist längst vergangen, die ist schon viel zu weit.
Sie besser auszunützen wär oft viel Zeit gewesen.
Hinterher ist man meistens klüger,
das soll man nicht vergessen.

Ich nütz sie jetzt, so gut es geht,
doch es fehlt die Kraft der Jugend.
Auch fehlt die Ungezwungenheit, allein nützt nicht die Tugend.
Ich habe oft die Zügel schleifen lassen, denn das war bequem.
Die Zeit nicht täglich auszuloten müssen,
das fand ich angenehm.

Wie nützt man meistens sich die Zeit im Trubel unserer Zeit?
Mit der Entfaltung seiner Möglichkeiten ist es oft nicht weit.
Der Zwang bestimmt die Richtung in der man sich entfaltet,
mit der man seine Begabungen in der Lebenszeit verwaltet.

Die Zeit wird meist bestimmt im aufgezwungenen Trott,
doch für die Kreativität ist das der sichere Tod.
Sich nach der Arbeit auszuruhen das ist ein gutes Recht.
Doch Ruhe nur mit Maß und Ziel denn Müßiggang ist schlecht.

Wenn alle Menschen die Zeit sich nützten
wie die Möglichkeit es wär,
dann hätten wir in der Entwicklung um zwei Stufen sicher mehr.
Ich bin nur ein kleines Nichts im ganzen Weltgefüge.
Wie wenig ich bewirken kann, das weiß ich zur genüge.

Viel zu wenig hab ich mich bemüht,
kann ich mich jetzt entsinnen.
Mit gutem Grund sag ich im Nachhinein,
da war noch viel mehr drinnen.

Wenn sich meine Ansichtsweise auf diese These stützt,
dann hab ich sicher meine Lebenszeit zu wenig ausgenützt.

Die Zeit gestohlen

Die Zeit wird uns gestohlen, wenn man sie nicht eisern hält.
Viel Zeit wird unnütz so vergeudet in der modernen Welt.
Was mach ich mit der Schaffenskraft?
Ich verschaff mir Dach und Nahrung.
Auch manche schöne Wertigkeit habe ich in der Verwahrung.

Doch viel Zeit geht auf, die stiehlt man uns,
für Nebensächlichkeiten.
Man hat sowohl das Nützliche wie Unnützes zu bestreiten.
So schreibt man Formulare, führt über Manches Buch.
Auch stiehlt man weiter uns die Zeit bei jedem lästigen Gesuch.

Im Stadtamt eilt man viel zu oft gehetzt von Tür zu Tür.
Weil niemand sich zuständig fühlt kann man selber nichts dafür.
Einen Stapel Werbung legt der Postmann täglich
gleich bei der Tür herein.
Damit wird mir auch Zeit gestohlen,
drum schau ich gar nicht rein.

Die Gesetze sollte man studieren,
denn Unwissenheit schützt nicht vor Strafe.
Man legt uns damit Zügel an, wie einer Herde Schafe.
Viel Zeit vergeht mit Warten, viel Zeit kommt uns abhanden.
Wie oft hat man schon vor verschlossener Tür
unnötig rumgestanden?

Am Telefon in der Warteschlange, im Amt im Wartesaal,
auch wartet man, dass die Zeit vergeht, beim Doktor öfter mal.

Die Zeit wird uns gestohlen viel öfter als man denkt.
Auch werden wir im Verkehrsaufkommen zeitweilig umgelenkt.

Des Nachmittags im Stadtverkehr steht man zu oft im Stau.
Wo uns noch die Zeit gestohlen wird, sieht man oft nicht genau.
Wenn der Bus Verspätung hat, stiehlt man uns die Zeit.
Beim Fernsehen am Abend ist auch davor man nicht gefeit.

Wenn man was tun muss, was man nicht mag,
wird uns auch die Zeit gestohlen.
Es ist ein großer Unterschied
zwischen dem Müssen und dem Wollen.
Die Politik klopft große Sprüche, man belügt uns weit und breit.
Allein, dass wir das manchmal glauben,
stiehlt man uns damit die Zeit.

Vor der Wahl ist nach der Wahl, wie kürzlich erst gewesen.
Man hält uns an dass wir auch brav die Wahlprogramme lesen.
Das ist reine Zeitverschwendung,
das ist der Diebstahl unserer Zeit.
Ich bin auch hingegangen, doch hab ich es hinterher bereut.

Die Ewigkeit

Die Ewigkeit in Zeit zu fassen, das macht mich sichtlich bang,
denn gegen Ende hin wird sie besonders lang.
Was dauert eine Ewigkeit? Ich muss mich kurz besinnen.
Ich bin gefangen in der Zeit und kann nicht mehr entrinnen.

Ewigkeit war öfter schon, wenn etwas lange währt.
„Das dauert eine Ewigkeit" hab ich schon oft gehört.

Ewigkeit ist ein Zeitmaßstab nach menschlichem Ermessen.
Dring tiefer in das Wort, dann kannst du das vergessen.
Ewigkeit ist scheinbar immer, die Zeit ist zeitbedingt.
Das kann man leicht verstehen, weil es so einfach klingt.

Was immer währt, wird nicht gemessen in Jahre oder Zeit.
Das ist von jeder Maßeinheit und jedem Regelwerk befreit.
Der Begriff „ewig“ ist nicht greifbar, obwohl so oft verwendet.
Ewigkeit ist immer schon und hat noch nie geendet.

Dass wir die Ewigkeit in Zeit bemessen,
davor sind wir nicht gefeit,
doch tausend Jahre sind weit weniger als Nichts
im Raum der Ewigkeit.

Was ich eingangs so erwähnt: „ Gegen Ende wird sie lang“,
Das hab ich so im Scherz gemeint, das ist nicht von Belang.
Die Ewigkeit in Zeit zu fassen, das macht mich sichtlich bang.
In die Ewigkeit mal einzudringen verspür ich einen Drang.

Ich bemüh mich so und komm nicht weiter
mit meiner Großhirnrinde.
Ich seh nicht durch, als wär ich blind,
als hätt ich vor den Augen eine Binde.
Ewig ist unendlich weit, wie alle Zeit und immer.
Doch ob Ewigkeit und alle Zeit gleich viel bedeutet
das weiß ich heute nimmer.

Eines ist uns allen sicher, viel sicherer als man denkt.
Wir brauchen nicht die Ewigkeit,
denn unsere Lebenszeit ist auf einen Augenblick beschränkt.

Zeit verlieren

Man kann nicht so viel Zeit verlieren
um alle Gesetze zu studieren.
Unwissenheit schützt nicht vor Strafe, nicht vor dem Gesetz.
Wenn ich den Spruch genau betrachte,
gibt es kein dümmeres Geschwätz.

Die sitzen dort im Parlament und vollbringen große Werke.
Ein Gesetz zu novellieren, das ist nun ihre Stärke.
Gestern noch galt grünes Recht, heute Morgen ist es blau.
Woran man sich noch halten soll, das weiß niemand so genau.

Die Gesetzesunterlagen füllen manchen Bücherschrank.
Da wird der biedere Bürger von der Gesetzesseuche krank.
Er weiß nicht mehr, wo vorn und hinten, was böse ist und gut.
Er sieht nur mehr den Paragraphenwald und die Gesetzesflut.

Man bräuchte einen Schriftgelehrten um alles zu verstehen.
Selbst der kann noch von Zeit zu Zeit eine Novelle übersehen.
Am besten wär, man studiert das Recht in einem Studium.
Dann geht dir Tag für Tag das Gesetz im Kopf herum.

Man bräuchte Zeit dazu um dieses zu erlernen.
Wie du dein Brot verdienst, das stünde in den Sternen.
Anstatt Gesetze zu betrachten,
betrachte lieber Blumen, Gras und Vieh.
Denn alle die Novellen, die begreifst du sicher nie.

Man muss auch nicht ausnahmslos
den Wortlaut der Gesetze wissen.
Um diese einzuhalten, genügt dir dein Gewissen.

Dein Haus im Lauf der Zeit

Es stand ein Haus am Wiesenrain, ganz prächtig anzusehen.
Dass so ein Haus einst glücklich machte,
das kann man leicht verstehen.
Das Haus war einst vor Jahren des Besitzers ganzer Stolz,
doch die Zeit nagte am Gemäuer, an den Ziegeln und am Holz.

Die Zeit war nicht allein am Werk,
es halfen Regen, Kälte, Sturm
und ganz drinnen im Verborgenen
werkte im Holz darin der Wurm.
Der Sturm riss Ziegeln von dem Dach,
das Wasser hatte leichtes Spiel.
Weil bei jedem Regen ganz viel davon durch diese Lücke fiel.

Im Winter fror das Wasser in der Kälte dann zu Eis.
An der Decke, an den Wänden sah man deutlich den Beweis.
Man ließ die Urgewalten werken, man tat dem nichts dagegen.
Immer wieder Sturm und Kälte und immer fiel der Regen.

Die Zeit war weiter fleißig, das konnte man bemerken.
Mit der Zeit im Einklang war die Natur am Werken.
Die ersten Flechten wuchsen dran wo früher alles rein.
Auch Moose siedelten bis in den tiefsten Spalt hinein.

Ein Mauersims war Jahr und Tag dem Regen ausgesetzt.
Dort sprießt seit kurzer Zeit ein Birkenbäumchen jetzt.
Dort wartet es auf Regen, den die Zeit ihm bringen wird,
weil jedem zarten Pflänzchen auch Feuchtigkeit gebührt.

Die Fensterläden sind schon morsch,
zum Teil hängen sie schon schief,
weil von oben durch die Lücke das Wasser drüber lief.
Wieder lässt man Zeit verstreichen,
ganz ohne Tun und Lassen.
Wenn man das Häuschen jetzt betrachtet,
so ist das kaum zu fassen.

Wo einst zwei Ziegel fehlten am Dach vor ein paar Jahren,
da ist Wasser reingeronnen und der Sturm hineingefahren.
Der deckte weiter Ziegel ab, das Loch ist nun schon groß.
Das arme Dach erwartet nun vom Sturm den nächsten Stoß.

Wo einst die Balken trugen ist nur mehr morsches Holz.
Die Zeit hat mitgeholfen, hinweg der ganze Stolz.
Die Birke auf dem Mauersims hat sich schon festgekrallt.
Angesichts des schlechten Bodens ist sie noch klein,
jedoch schon ziemlich alt.

Das Dach ist eingebrochen, es legt sich leise nieder.
Es senkt sich immer weiter, ein Stückchen immer wieder.
Die Zeit hat Zeit, nichts verleitet sie zur Eile.
Lassen wir jetzt Zeit vergehen, inzwischen eine Weile.

Wo früher mal ein Haus gestanden, in Glanz und Farbenpracht,
dort hat im Lauf der Zeit,
die Zeit einen Haufen Moder daraus gemacht.
Darauf Buschwerk, Dornen, Sträucher inmitten auch ein Baum.
Was die Zeit hier hingelegt war des Besitzers Traum.

Darum merke dir das Eine nur, rechne fest du mit der Zeit.
Du musst der Zeit entgegenwirken, sei stets dazu bereit.
Hältst du meinen Ratschlag nicht von Nöten
dann geht im Lauf der Zeit dein schönes Haus in Flöten.

Die Sammler in der Zeit

Der Mensch war schon ein Sammler in prähistorischen Zeiten.
Denn nur vom Sammeln von gewissen Dingen
konnte er seine Mahlzeit zubereiten.
Körner, Beeren, Gräser, Samen, hat die Natur bereitgestellt,
die hat er eingesammelt mangels eigenem Getreidefeld.

Durch das Sammeln der Ernährung erlangte er die Kraft.
Es erfolgte aus der Not heraus,
war keineswegs noch Leidenschaft.
Tausend Jahre später und noch viele mehr
sammelt er noch immer, aber nicht nur Dinge zum Verzehr.

Er häuft jetzt Dinge an, will ein Geschäft damit lukrieren.
Mit Gewinn sie zu veräußern will er ab nun probieren.
Nochmals tausend Jahre später und noch viele mehr
hat man das Geld erfunden,
Er ist nun frei in seinem Handeln
und nicht mehr an ein Tauschobjekt gebunden.

Jetzt sammelt er nur Geld in Bogen und in Bausch.
Die Sammelwut hat ihn gepackt, es ist ein wahrer Rausch.
Wieder tausend Jahre und noch viele mehr hat er Geld genug,
es locken andere Dinge.
Er sammelt zum Vergnügen als ob es um sein Leben ginge.

So mancher sammelt Taten
die vor dem Gesetze nicht bestehen.
Wenn er dabei erwischt wird, wird er in ein Gefängnis gehen.
Das ist die eine Sorte, von der Spezies
die auf zwei Beinen geht.
Diesem gegenüber der Angenehmere von dieser Spezies steht.

Der sammelt Schmetterlinge und was weiß der Kuckuck noch.
Auch wenn er keine Verwendung dafür hat,
er sammelt eifrig doch.
Viel hat sich schon angehäuft in seinem Repertoire.
Man sollt es nicht für möglich halten,
doch es gehört zum Inventar.

Marken für die Post, Uhren, Gläser und Geschirr.
Jedoch für Maschinen, Autos, alte Möbel,
braucht man viel Platz dafür.
Mancher sammelt Jahre, auch ohne sie zu nützen.
Am Ende kann er sich nur auf die Jahresringe stützen.

Des Sammelns große Leidenschaft
die schöpft er kaum noch aus.
Dann stirbt er ohne Schätze in einem leeren Haus.
Es gibt auch welche die sammeln Bücher
in unvorstellbar großen Mengen.
Sie sammeln weiter bis die Bücher schon
ihren Lebensraum beengen.

Bücher, Bücher überall, man darf das nicht vergessen,
man sammelt eifrig weiter, man kann sie niemals alle lesen.
Man braucht sie nicht zum Überleben, trotzdem nimmt man an,
dass man ohne Bücher nicht mehr weiterleben kann.

Lassen wir den Sammlern die Freud an deren Zeitgestaltung.
Wir tragen auch nichts bei,
an deren Sammelsurium Verwaltung.
Der Sammler kann für seine Leidenschaft
meistens nichts dafür.
Er schadet niemanden damit, auch nicht dir und mir.

Die Zeit im Meter

Jeder neue Mensch bekommt bei der Geburt
seinen Meter zugeteilt.
Sein Meter ist ab nun sein Maßstab,
bis ihn der Tod ereilt.
Einen Meter teilt man in hundert Zentimeter ein
und an diesem hochzuklettern,
das wird sein Ziel nun sein.

Im ersten Zentimeter ist noch nicht allzu viel geschehen.
Er macht noch in die Windeln, erst später lernt er gehen.
In dieser Zeit er dies und jenes schon probiert.
Man kann noch nicht erkennen, was einmal daraus wird.

Die Zähne sind schon eingeschossen,
er knabbert schon damit.
Wenn er auch schon sprechen kann,
so ist das schon ein Hit.
Er klettert einen Zentimeter hoch
und immer wieder einen.
Dass das nicht ohne Mühe geht,
das möchte man fast meinen.

Denn auf dem Weg nach oben da lauert oft Gefahr.
Ob er den nächsten Zentimeter auch erreicht,
das ist nicht immer klar.
Er macht einen Schritt daneben,
beinah wär er abgestürzt.
Das hätte seine Lebensbahn
ganz rapide schon verkürzt.

Bei sechs geht er zur Schule,
schon vorher in den Kindergarten,
denn er will mit seiner Bildung
bis zur Schule nicht mehr warten.
Während dieser Schulzeit
gibt es oft Weinen und Gezeter,
da wird ihm nun zum Prüfstein jeder Zentimeter.

Egal in welcher Schule, sie sind nicht alle gleich,
es wird ihm hier auch nichts geschenkt
und an Mühen sind sie reich.
Ob nun Uni oder Lehre, es ist alles gleich beschwerlich.
Ich habe es auch selbst erlebt,
das sage ich ganz ehrlich.

Auch in diesem Zeitraum gibt er sich eine Frist,
wie weit er bis zur Abschlussprüfung
schon hochgestiegen ist.
Er sieht empor, am Maßstab, das Ende ist noch weit.
Der junge Mensch erlebt zurzeit eine unbeschwerte Zeit.

Er weiß noch nicht,
was er morgen will und was er gerne hätt.
Das ist die Zeit von Bub und Mädel in ihrer Pubertät.
Es ist die Zeit, da probiert er auch Alkohol und Nikotin.
Bevor er es bemerkt, ist die Gesundheit oft schon hin.

Er glaubt an sich, ist überzeugt,
er will nicht jemand fragen.
Auch von seinen Eltern lässt er sich nichts mehr sagen.
Bei zwanzig Zentimeter hält er schon die Ohren steif.
Er fühlt sich für die Zweisamkeit bereits schon überreif.

Das ist ein Raten und ein Suchen in dieser Spanne Zeit.
Ein, zwei Zentimeter noch, dann sind sie schon zu zweit.
Auch in dieser Zeit, ist das Unglück schnell zu Stell,
denn er fährt mit seinem Auto
auf den Straßen viel zu schnell.

Bei einem argen Crash hatte er noch großes Glück,
nur mit ein paar Schrammen
kommt er nach Haus zurück.
Er sucht sich eine Wohnung,
vielleicht will er ein Häuschen bauen,
damit er drinnen wohnen kann
um dann heraus zu schauen.

Die Sorgen halten Einzug nun im trauten Heim.
Dass das Geld oft vorn und hint nicht reicht,
das stört oft ungemein.
Er steigt nun eifrig weiter an seinem Meterstab empor.
Mit ihm ist nun die Frau, die er sich auserkor.

Er ist jetzt Mitte Zwanzig und hat noch jede Menge Kraft.
Mit seiner Unbekümmertheit, er noch jede Hürde schafft.
Eine Firma will er gründen,
da steigt er auf dreißig Zentimeter hoch.
Da liegen viele Steine auf dem Weg,
die gibt es noch und noch.

Der Weg ist steil und unwegsam
und schließlich voller Staub.
Die Bank, der er seine Pläne mitgeteilt
ist auf beiden Ohren taub.
Er fragt sich nun tagtäglich was ist des Weges Sinn?
Die Steine hemmen seine Schritte, er humpelt oft dahin.

Woher nehmen und nicht stehlen,
das sind nun seine Sorgen.
Wenn er keinen Gönner findet,
was macht er übermorgen?
Die Banden, die nun zu erhalten sind,
das sind nun Mann und Frau und Kind.

Fünfunddreißig Zentimeter ist er nun hochgestiegen.
Er hat sich durchgekämpft, sein Wohlstand ist gediegen.
Jedoch es blieb vieles auf der Strecke,
die Frau hat ihn verlassen.
Was hat er alles falschgemacht?
Er kann es noch nicht fassen.

Bei Vierzig angelangt da hat er schon bemerkt,
dass in seinem Körper drin, ein Wurm geschäftig werkt.
Das haut ihn erst mal nieder, er ist beinah am End.
Er braucht wieder Zentimeter bis das Übel er erkennt.

Jetzt ist er weich wie Butter
und nicht mehr hart wie Stahl.
Jedoch die Krankheit eingestehen, will er auf keinen Fall.
Zwei Zentimeter weiter ist er zum Glück genesen.
Er hat die Kurve noch gekriegt,
beinah ist es zu spät gewesen.

Mit neuer Kraft und voll Elan, setzt er jetzt neue Zeichen.
Steckt sich die Ziele ab, die er noch will erreichen.
Im Bewusstsein die Gewissheit
dass er nicht unverletzlich ist,
setzt er für seine Wünsche sich eine neue Frist.

Der halbe Meter ist erreicht, da hat er Grund zum Feiern.
Nun will er seine Tage bewusst erleben
und nicht herunterleiern.
Der Zentimeter ist gleich lang
wie in seinen Jugendjahren,
doch dass er ungleich Mühe hat
das hat er schon erfahren.

Es schmerzt der Aufstieg schon
doch er will es noch nicht zeigen.
Den Schmerz zu unterdrücken
das ist ihm nun zu Eigen.
Er tut oft so als wenn nichts wär,
dabei knirschen seine Zähne.
Bei sechzig Zentimeter da fliegen schon die Späne.

Da ist er angelangt und schaut nun in die Runde.
Schon viele sind hier abgesprungen,
davon hat er schon Kunde.
Seinen besten Freund hat er im Vorjahr
schon zu Grab getragen
und der nette Nachbar der starb vor wenigen Tagen.

Er blickt nun oft zurück auf sein Arbeitsleben schon.
Er hat nun vor, sich neu zu ordnen,
jetzt ist er in Pension.
Auf seinen Körper will er achten und etwas kürzer treten.
Beim letzten Arztbesuch vor Tagen
hat ihn der Arzt darum gebeten.

Doch mit sechsundsechzig Jahren
da fängt das Leben an.
Mit sechsundsechzig Jahren
denkt man nicht gerne dran.

Sechsundsechzig Zentimeter
und noch kein bisschen leise.
Sechsundsechzig Jahre und oft kein bisschen weise.

Fährt Motorrad und Segelboot
mit Freunden und mit Frauen.
Heute will er leben und nicht nach vorne schauen.
Lebt unbeschwert so in den Tag hinein
das Leben ist doch herrlich.
Er macht sich manchmal lächerlich,
da ist er sich nicht ehrlich.

Er steigt höher noch und weiter dem Siebziger entgegen.
Wenn er die Höhe gesund erreicht,
dann ist das schon ein Segen.
Die Haare sind schon hell und dünn,
die Haut schon runzelig.
Wenn er noch beweglich ist, dann ist das schon ein Sieg.

Er steigt weiter hoch, die Luft wird immer dünner.
Nun hat er Freude dran, er will weiter steigen immer.
Jetzt sieht er hoch, drei Viertel sind erreicht,
das große Ziel, der Hunderter,
der jetzt nach hinten weicht.
Der ist zu fern, er spürt schon arge Zeichen.
Die hundert Zentimeter, die wird er nicht erreichen.

Ob der Zeichen die er spürt, ist er oft ganz entsetzt.
Doch Sicherheit die gibt es nicht
und die Hoffnung stirbt zuletzt.
Auf Achtzig will er noch hinauf,
das ist sein nächstes Ziel.
Zwei Zentimeter noch, dann ist er dort
wohin er jetzt noch will.

Die Ungewissheit plagt ihn nun, wie wird es oben sein?
Er muss den Weg alleine gehen,
denn er ist schon lang allein.
Das Schicksal ist ihm hold, die Achtzig hat er nun erreicht,
er hat schon viele Hürden hinter sich, er ist beinah geeicht.

Jetzt ist er angelangt, da hält er erst Mal inne
und überlegt sich reiflich
wie er den nächsten Schritt beginne.
Jetzt setzt er sich die Ziele nur mehr zwei und zwei.
Er hat noch Glück, seine Lebenszeit die ist noch nicht vorbei.

Es plagt ihn schon die Atemnot, sein Rheuma und sein Herz,
doch Schritt für Schritt noch stolpert er
nach oben neunzigwärts.
Ein steiler Weg, ein harter Weg,
das Ziel ist nun zum Greifen nah.
Wenn er die Neunzig hat erreicht dann ist das Inschala.

Er hat nun neun Zehntel schon von diesem seinen Meter.
Jetzt hat er keine Wünsche mehr, was morgen ist und später.
Er steigt nun Schritt um Schritt nur einen Zentimeter hoch.
Er ist ein Menschenkind, das Glück hat noch und noch.

Auf dieser Höhe ist die Luft schon dünn
und es herrscht die Einsamkeit.
Auf dem Weg nach Hundert hin,
geht kaum jemand noch zu zweit.
Die Hundert zu erreichen, ist fast wie Fantasie.
Er nimmt die nächsten Stufen noch beinah in Agonie.

Zwei Stufen noch, dann wäre sein Meterstab zu Ende,
doch jetzt geht es nur mehr Schritt für Schritt
und das alles sehr behände.

Zwei Schritte noch dann ist sein Ziel erreicht.
Auf hundert Zentimeter er einem Geist schon gleicht.
Wer hundert Zentimeter hat erreicht,
der hat wohl großes Glück.
Das ist im Menschenalter ein ziemlich großes Stück.

Doch gibt es viele Menschen die ziehen gleich
von Anfang an für sich den schwarzen Peter.
Die erreichen bis zu ihrem Ende
nicht mal den halben Meter.

Die Reifestufen

Heute ist ein Tag wie jeder andere
und trotzdem ist der heutige es nicht.
Zur Feier dieses Tages versuche ich es
mit einem Kurzgedicht.

Die Jahre galoppieren, sie ziehen hin im Sauseschritt.
Man kommt bei der Geschwindigkeit
mit dem Zählen kaum noch mit.
Meine Frau hat heut Geburtstag,
ich hätte ihn beinahe übersehen,
doch deswegen würde die Beziehung
nicht in die Brüche gehen.

Ich will das Jahr nicht nennen, ich werde es nicht sagen.
Bei Frauen ist das heikel, ich würde es nicht wagen.
Sie ist nicht älter sondern reifer, sowie ein guter Wein.
Nächstes Jahr wird sie noch um eine Stufe reifer sein.

Ich spreche nicht vom Alter, ich sag es ist die Reife.
Es hat bis jetzt gedauert bis ich endlich es begreife.

Die Reife bringt die Würze im warmen Sonnenschein.
Alles braucht heut seine Zeit, wie ein guter alter Wein.

Ein Jahr ist schnell vergangen mit Pauken und Trompeten.
Um beide Instrumente haben wir nicht drum gebeten.
Doch was schon war und was noch kommt,
das ist uns einerlei.
Wir sind beinahe schon immun und haben beide Hände frei.

Uns kann nichts aus der Fassung bringen,
auch nicht die Zeit, die rennt.
Das ist das Wichtigste daran,
dass man das noch zeitgerecht erkennt.
Würden wir uns das nicht eingestehen,
wir wären selbst betrogen.
Wir würden untergehen in des Lebens steilen Wogen.

Uns kann nichts mehr überraschen,
nicht mal die Jahresringe.
Wir nehmen es gelassen hin, als ob es um fremde Dinge ginge.
Zu meiner Frau ich heute noch laut hinüberrufe:
„Steig ab morgen ein in die nächste Reifestufe!“

Vergangene Zeit

Damals, ja damals die vergangenen Zeiten,
die hatten auch ihren Reiz, das will niemand bestreiten.
Damals, ja damals in den sechziger Jahren
als wir halbe Kinder noch waren.

Der Chef und die Chefin, die waren so nett.
Ich schlief im oberen Stockwerk im Tafelbett.
War meistens mit Kapperl und Schurz angetan,
als ich als Jüngling beim Bäcker die Lehre begann.

In der Küche hat die Köchin für uns das Essen gekocht.
Alle ihre Speisen habe ich so gerne gemocht.
Ich wuchs nun heran, gedieh wie ein Krapfen im Fett.
Kein Wunder, denn alle waren zu mir immer nett.

Das war der Grundstock für mein Leben,
meine Lebenslaufbahn.
Kaum mehr später hat mir etwas so gut getan.
Dass alle die Lieben schon fort sind, bereitet mir Schmerz.
Ich habe sie drinnen, noch immer verschlossen im Herz.

Die Jahre vergehen für dich und für mich,
doch auch das Alter hat was für sich.
Was hätte können sein, ich denk oft daran,
doch die Zeiten noch niemand zurückdrehen kann.
Die Jahre sind fort, es gibt nur mehr Reste.
Darum lieber Leser, mach daraus noch das Beste.

Ungewissheit

Was wird die Zeit für Zeiten bringen,
wenn wieder Zeit verstreicht?
Die Zeit ist immer nur, wie immer schon, nur in der Zeit geeicht.
Ich möchte der Zeit nicht vorenthalten,
was sie tun und lassen kann,
weil die Zeit ist unabhängig von allem Anfang an.

Die Zeit war da, schon lange vorher,
bevor der Mensch auf der Erde hat sich einquartiert.
Wenn er glaubt er hat die Zeit bestimmt, dann hat er sich geirrt.
Die Zeit ist unbeeindruckt von des Menschen kleinen Sorgen.
Wir sind nur ein Stäubchen in der Zeit,
das bleibt uns nicht verborgen.

Was wird die Zukunft uns nur bringen,
das frag ich im Vertrauen?
Wir können, obwohl wir vieles können,
noch nicht nach vorne schauen.
Ist die Zeit schon ausgebreitet oder rollt sie sich erst aus
oder ist sie längst schon festgelegt, in die Zukunft weit hinaus?

Vielleicht können wir nicht mitbekommen
was uns die Zeit verbirgt,
weil in unserem Gedächtnis nur Vergangenes erst wirkt.
Wenn ich von meiner Zeit die Zeit verbrauche,
was bleibt dann noch davon.
Hab ich von meinem Quantum noch was gut
oder bin ich drüber schon?

Von der Zeit die ich bekommen habe,
wird mir täglich abgezogen.
Wenn ich am Abend schlafen gehe, ist wieder Zeit verflogen.
Die Spanne ist am Abend kürzer, als sie am Morgen war.
Dass das der einzige Maßstab ist,
ist nicht jedem Menschen klar.

Die Zeit rinnt unaufhörlich weiter, auch wenn ich sie negiere.
Ich muss mir trotzdem eingestehen,
dass ich täglich Zeit verliere.
Wie ist das mit der Lebenszeit, wenn jemand früher stirbt?
Hat er dann die Möglichkeit
dass er um neues Leben sich bewirbt?

Ist die Zeit gleich zugemessen für jedes Individuum?
Dann könnte er nach einem frühen Tod
neu bewerben sich darum.

Ich mach Gedanken mir darüber,
doch ich komm nicht weiter klar.
Zu undurchsichtig ist die Zeit, es sind die Anhaltspunkte rar.

Ich geb es auf, ich schaff es nicht, nicht einen Finger breit.
Ich verrenn mich noch ins Ungewisse,
zu viel vergeude ich meine Zeit.

Ewigkeit

Ich bin gespannt was nach meinem letzten Atemzug geschieht.
Wenn das, was von mir übrig bleibt, in das Jenseits rüber zieht.
Ob die Zeit noch eine Rolle spielt, wie hier, wo ich jetzt bin.
Diese Überlegung geht mir nicht mehr aus meinem Sinn.

Ist dann die Zeit für immer und endgültig für mich aus,
wenn man meine tote Hülle trägt aus dem Haus hinaus,
oder läuft sie einfach weiter in der nächsten Dimension.
Es wäre für mich möglich, damit hier anzufreunden schon.

Die Religion sagt mir, die Ewigkeit gilt es zu erstreben.
Ich müsste schon hier auf der Erde den Grundstein dafür legen.
Unendlichkeit geht nicht ganz leicht in mein kleines Hirn hinein.
Wird unendlich auch gleich lang wie immerwährend sein?

Unendlich wäre sicher öde, denn dann hätte ich kein Ziel.
Mir wäre es bedeutend lieber, wenn von vorn beginnt das Spiel.
Wenn nach meinem Tode dort drüben
mein Dasein immer währt,
wo wäre dann der Reiz darin, das hätt ich gern geklärt.

Dasein ist in diesem Falle bestimmt das falsche Wort;
denn in der Ewigkeit bin ich nicht da, da bin ich sicher dort.
In diesem Buch will ich die Zeit erörtern und nicht die Ewigkeit.
So wie ich das überblicke, fällt die Ewigkeit
nicht in die Sparte Zeit.

Immerwährend, Ewigkeit, da komm ich nicht mehr mit,
denn von der Zeit bis zur Ewigkeit ist ein zu großer Schritt.
Die Zeit teil ich in Teile ein, das fällt mir,
bei immerwährend schwer.
Ich komm noch nicht dahinter, doch bemühe ich mich sehr.

In der Schule hab ich schon gelernt die Zeit zu unterteilen.
Die Zeit kann ich noch überblicken, auch wenn die Jahre eilen.
Doch die Ewigkeit die eilt nicht mehr, die steht für immer still.
das muss ich mir noch überlegen, ob ich das auch so will.

Die Zeit kann ich gestalten so gut es eben geht.
Was soll ich in der Ewigkeit, wenn die für immer steht?
Wenn ein frommer Lebenswandel in die Ewigkeit rein führt,
wer will da noch darin verweilen,
wenn da sich nichts mehr rührt?

Verweilen ist schon wieder falsch,
denn Weile ist ein Teil von Zeit.
Dieses Thema noch weiter zu erforschen
das geht mir viel zu weit.
Erstarren wäre richtig ausgedrückt, weil Ewigkeit die steht.
Weil zwischen erstarren und der Ewigkeit
kein Unterschied besteht.

Hier hab ich über Ewigkeit geschrieben,
mehr ist mir nicht bekannt.
Jetzt wird man Steine nach mir werfen,

doch das ist mein Wissensstand.
Die Ewigkeit auch zu verstehen das ist bestimmt nicht leicht,
denn diesen Bildungsstand hab ich noch nicht erreicht.

Vorbei die Lebenszeit

Dort läuft ein Hase übers Feld, schon kracht ein lauter Knall
und aus dem nahen Wald tönt gleich der Widerhall.
Seine Zeit ist abgelaufen, weil es der Jäger so bestimmt.
Aus purer Weidmannssucht er des Hasen Leben nimmt.
Er zappelt noch am Ackerrain mit allen seinen Vieren,
doch das Leben haucht er aus, er wird es gleich verlieren.

Ein Frosch will auf die andere Seite,
sein Laichplatz ist dort drüben.
Dazu muss er die Straße überqueren, ganz ohne es zu üben.
Ein Brummen und ein Zischen naht, er denkt noch sapperlot.
Kaum hat er es ganz ausgedacht, ist er schon mausetot.

Was einst ein Frosch war, lebensfroh,
ist jetzt ein feiner Kleister.
In einem Autoreifen fand er nun seinen Meister.
Die Zeit ist abgelaufen, weil es ein Autofahrer so bestimmt.
Weil er aus Unvorsichtigkeit vom Frosch das Leben nimmt.

Auf dem Tisch sitzt eine Stubenfliege, sie sucht und findet was.
Der Hausmann hat auf das schmucke Tierchen
einen bösen Fliegenhass.
Die Klatsche saust hernieder, die Fliege sieht es nicht.
Durch die Wucht des Schlages
das Tierchen in tausend Stücke bricht.

Kein Fluchtversuch, kein Zucken mehr,
zu fest traf es der Schlag.
Ein Gedanke nur durchlief ihr Hirn: Das war der jüngste Tag!

Ein Fischlein schwimmt so frohgemut,
als wär das Leben immer schön.
Da hat es gleich ein Stück voraus ein Würmchen dort gesehn.
Sein Appetit darauf ist immer groß, das ist uns ja bekannt.
Da schnappt es zu, ein Ruck, schon liegt es auf dem Land.

Das Fischlein sonst so frohgemut,
es verlässt ihm jetzt das Glück.
Der Fischer holt zum Schlage aus, bricht damit sein Genick.
Das Fischlein ist nun mausetot, wie Hase, Frosch und Fliege.
Ihre Zeit ist abgelaufen, das wisst ihr zu Genüge.
Die Lebenszeit währt nur so lange,
bis jemand was dagegen hat.

Fremdeinwirkung kann man sagen, das war es in der Tat.
Fremdeinwirkung ist das Wort, womit jedes Leben schließt.
Es ist nur nicht ganz angenehm, wenn du betroffen bist.

Zeitverlust

Der junge Mensch glaubt fest daran, er hätt die Zeit im Griff.
Doch was er sich da eingebildet, damit liegt er ziemlich schief.
Wenn er sein Mädchen küsst, vergisst er grad die Zeit.
Er hält sie fest in seinen Armen, spürt nur Glückseligkeit.

Ob dabei auch Zeit verstrichen ist, das will er gar nicht wissen.
Am liebsten würde er die Liebste nur immer weiter küssen.
Ob nun Küssen oder Allerlei, es ist immer Zeit von Nöten.
Wenn wir in die Lüfte gehen, auch wenn wir fliegen täten.

Fliegen wie die Vögel, so grenzenlos im Wind.
Wie ein bunter Schmetterling, wie eine Schwalbe so geschwind.
Fliegen durch die Lüfte, so scheinbar ohne Kraft.
So schwerelos, so voll Elan, wie es nur ein Vogel schafft.

Fliegen durch den Äther, ganz ohne Düsenstrahl.
Sich immer weiter fortbewegen, hinaus ins Welten All.
Dabei würde auch die Zeit vergehen,
auch wenn man es nicht glaubt.
Von unserem Lebenskonto ist wieder Zeit geraubt.

Nicht nur beim Küssen oder Fliegen
kommt uns die Zeit abhanden.
Einen Teil des Lebens haben wir verschlafen,
die Zeit hat nie gestanden.
Nach des Tages Mühen, schläft man tief und fest.
Die Müdigkeit und der Kraftverlust ist es,
was uns schlafen lässt.

Durch die dunklen Stunden spukt so mancher Traum.
dass auch beim Schlafen Zeit vergeht,
das bemerkt der Mensch wohl kaum.
Wieder ist die Zeit dahin, tagsüber wenn man werkt.
Erst recht zur Schlafenszeit, doch das hat man nicht bemerkt.

Die Zeit hat sich davongeschlichen, während man geträumt.
Wenn man den Schlaf nicht nützen würde,
hätte man die Zeit versäumt.
Auch wenn ich was Gutes dichten will
und mir fällt nichts Rechtes ein,
auch wenn ich noch so grüble, es wird Zeit verflossen sein.

Diese Zeit wird wieder abgezogen von meiner Lebenszeit.
Diese ist schon fortgeschritten, beinah schon viel zu weit.

Ob nun beim Küssen, beim Fliegen,
beim Schlafen oder Dichten,
die Zeit wird mir gerichtet, ich kann sie nicht selber richten.
Mein Schicksal ist der Zeitverlust, der von meinem Konto zehrt.
Ich wollte und ich wünschte mir, dass ab morgen schon,
die Zeit läuft dann verkehrt.

Die Zeit zurückgeholt

Ich hab die Zeit zurückgeholt in mein Gedächtnis rein.
Wie aus weiter Ferne hör ich noch Menschen schrein.
Ich hab ein Buch gelesen mit einem Hakenkreuz darauf.
Mir stieg dabei die Gänsehaut bis in mein Hirn hinauf.

Ich hör die schweren Stiefel knallen,
es klingt wie Peitschenknall
und überall nur Uniformen, nur braune, überall.
Es marschierten die Soldaten, landauf, landab in Scharen.
Auch wenn die Burschen vorher nur Muttersöhnchen waren.

Die braune Masse wälzt´ sich fort.
Hinweg mit dem Verstand,
weil ein Volk, ein Vaterland nur stark ist im Verband.
Ein Mann, ein Wort und keine eigene Meinung
und an der Wand das Führerbildnis war wie eine Erscheinung.

Ein böser Hauch durchzog die halbe Welt, nur Kälte überall.
Auch sah ich auf Polens Menschen den gemeinen Überfall.
Zu diesem Zeitpunkt wäre es längst schon an der Zeit,
dass man diesem Ungeheuer ein „Halt“ entgegenschreit.

Die Zeit ist weiter abgelaufen, das Schicksal nahm den Lauf.
Mord und Totschlag, ausgebombte Städte
nahm man dafür in Kauf.

Die Zeit ließ sie gewähren in ihrem Tun und Lassen.
„Nur einen Führer lieben und andere Völker hassen."

In den vielen Lagern waren Menschen konzentriert
und in den Städten die Bevölkerung die war schon bald halbiert.
Nur Sieg und Vorwärtsstürmen, das hielt nicht lange an.
Ein Herrenvolk, ein Großdeutschland
war die Idee von einem Mann.

Das Volk aß Sägespäne und schlief auf dem Beton.
Das war der Herren Untergang, ein sicheres Zeichen schon.
Willkür war die Tagesordnung und Spitzeldienst die Regel
und übern Meer die Alliierten, die setzten schon die Segel.
Die Zeit war abgelaufen, es nahte schon der Schluss.
Da erhob das Volk kaum noch die Hand zum Hitlergruß.

Ich hab die Zeit zurückgeholt,
doch ich hätt es sollen bleiben lassen.
Was ich da gesehen habe, das kann heute niemand fassen.
Die Zeit war da mit Blut besudelt
wie sie kaum jemals so gewesen.
Am besten wäre es,
man könnte diese schlimme Zeit vergessen.

Soll ich Zeit verschenken?

Wieviel Zeit soll ich verschenken, das ist hier die Frage?
Ist das meine Lebenszeit, sind es Jahre oder Tage?
Was hat mein Gegenüber von der geschenkten Zeit?
Ist er sie anzunehmen schlussendlich auch bereit?

Kann er sich über meine Zeit aus vollem Herzen freun?
Oder wird ihm die geschenkte Zeit nur zur Belastung sein?
Das alles sollte ich bedenken, falls ich solches überlege
und meinem Gegenüber meine Zeit zu Füssen lege.

Was macht er nun mit meiner Zeit, die ich ihm hab beschert?
Wird er sich bei mir bedanken oder ist ihm das verwehrt?
Wieder Fragen über Fragen, aus denen werde ich nicht klug
und noch viele weitere Fragen, davon gibt es genug.

Was ist, wenn er mit seiner eigenen Zeit
nichts anzufangen weiß?
Diese Frage ist berechtigt und die ist wirklich heiß.
Was macht er mit geschenkter Zeit, wie geht er damit um,
wenn er sie selber hat im Überfluss, wie bringt er sie herum?

Wenn er Zeit geschenkt bekommt, wird er überfordert sein?
Was macht er dann mit noch mehr Zeit, wie teilt er sich die ein?
Wenn ich das alles überlege, dann wird mir angst und bang.
Um das alles zu erörtern ist mir meine Zeit
schon viel zu wenig lang.

Angesichts der vielen Fragen, kenn ich mich nicht mehr aus.
Wenn ich Zeit verschenken will
komm ich aus der Fragerei nicht raus.
Darum bleibt es so wie es am besten ist für mein Gegenüber.
Ich verschenke keine Zeit
und nun endgültig Schwamm darüber.

Des Märchens letzter Rest

Es war einmal und ist nicht mehr, so fangen viele Märchen an.
Auch die Geschichte, die ich hier berichte,
vor Zeiten so begann.
Da war einmal ein kleiner Junge mit blondem Lockenhaar.
Er war der Erstgeborene aus einer Kinderschar.

Die Welt war für ihn bis dahin noch rundherum erträglich.
Er sah nicht in die Zukunft, er lebte einfach täglich.
Ein Steinchen und ein Hölzchen, das war für ihn genug.
Er kannte nicht die schlechte Welt, nicht Kriege und Betrug.

Die Natur war ihm der Spielgefährte,
die Sonne gab ihm Wärme.
Die Vögel und die Bienchen flogen,
davon gab es ganze Schwärme.
Er sah nur seine heile Welt von Vater, Mutter, Kind.
Er hat noch nicht begriffen, dass es Kinder gibt,
die nicht geborgen sind.

Sein Leben war beschaulich, behütet halt mit einem Wort.
Die harte Welt der Wirklichkeit war weit noch von ihm fort.
Alles Neue, das ihm widerfuhr, entlockte ihm ein Staunen.
Als er etwas größer wurde, da hörte er beizeiten
oft schon ein leises Raunen.

Ein Raunen über dies und jenes, wie es der Mensch so treibt.
Das hat er wohl bemerkt und es sich einverleibt.
Viel Zeit ist nun verflossen, sie ging den Bach hinunter.
An der Zeit, die bachabwärts ging,
war auch schöne Zeit darunter.

Der kleine Knabe von vor Jahren
hat inzwischen längst bemerkt,
wie man ums Überleben im Handgemenge werkt.
Nichts war mehr mit heiler Welt, mit Vater, Mutter, Kind.
Für so Kleinigkeiten war er schon taub und blind.

Es gab nur noch die Ellenbogen, die wurden eingesetzt,
dabei hat sich der junge Mann damit selber schwer verletzt.
Er hat sich wieder aufgemacht,
zwar gebeutelt und zerschunden.
Die Zeit ist nun nicht so wie früher
bachabwärts nur entschwunden.

Die Zeit ist nicht verflossen, sie ist nur mehr verflogen.
Mit seiner Art sich Zeit zu nehmen hat er sich selbst betrogen.
Was ist davon noch übrig, von des Märchens letzten Rest?
Ein gutes Ende will er finden, sofern man ihn noch lässt.

Das Märchen ist kein Märchen mehr, es ist die Realität.
Die wird er nun verfolgen, so lange es noch geht.
Das Märchen hat den Glanz verloren,
die Menschheit strebt dem Ende zu.
Auf die Waage die nach unten zeigt
legt man neue Steine noch dazu.

Inzwischen hat der einst junge Mann sich Wissen angehäuft.
Jetzt hat er fast den Durchblick was auf der Welt so läuft.
So lang er kann will er noch schreiben,
wird er noch kritisch sein.
Was er damit bewirken kann, wird hier die Frage sein.

Er spielt nicht mehr mit Hölzchen oder Steinchen,
wie könnt es anders sein.
Er legt nun seine Finger in der Gesellschaft Wunden rein.

Ein modernes Märchen

Es war einmal ein Mütterchen,
das erfüllte getreulich seine Pflicht.
Es war beinahe tugendhaft, nur „Nein“ sagen konnt es nicht.
Es hatte sich sein Leben lang, nie für sich selber was geborgt,
jedoch für andere hat es sich stets gesorgt.

Mütterchen war hilfsbereit, seine Tür war nie versperrt.
Jedem wurde aufgetan, der Einlass hat begehrt.
Ist es jemand schlecht ergangen,
kam selbstverschuldet er in Not,
Dann hat es meist gelautet: „Lauf schnell zum Mütterchen,
dort gibt es frisches Brot!“

Sogar den schlimmen Räuber ließ es ins Haus hinein.
Die Begründung war entwaffnend: „ Er könnt ja hungrig sein!“
Selbst im bösen Wolf sah es noch einen guten Kern.
Soviel Gutgläubigkeit kann man nicht leicht erklärn.

Tat es mal seine Meinung kund, so wie ihm war zumute,
dann war das ungeheuerlich, da trat es fehl, das gute.
Der Tenor hat meist gelautet: „Was will die alte Leier,
hier hat sie nichts zu melden, so hol sie doch der Geier!“

Immer haben andere seinen Willen aufgeweicht.
Um sich durchzusetzen hat die Kraft nie ausgereicht.
Man hatte sich an seine Duldsamkeit gewöhnt,
doch in der Welt von Mütterchen war Dankbarkeit verpönt.

Was andere ihr schon angetan,
das zerdrückt ihm fast das Herz.
Hinterher zu sagen: „ Das war nicht so gemeint“,
das ist zu viel für einen Scherz.

Es wollte nur das Gute sehen, das war ihm schon genug,
doch damit übte Mütterchen an sich selbst nur den Betrug.
Mütterchen ist alt geworden, zerknittert, gramgebeugt
Und seine Sorgenfalten haben von schwerer Zeit gezeugt.

Wie endet so ein Märchen? Mal langsam und mal schnell.
Dieses ist noch nicht zu Ende, es ist noch aktuell.

Eingeholt

Das Leben läuft, es läuft die Zeit, der Mensch läuft vorne her.
So lang er mitten drin im Leben, ist das auch kein Malheur.
Er überspringt die Hürden die auf der Strecke sind,
die vor ihm aufgebaut.
Mit allen diesen Schwierigkeiten ist er ziemlich gut vertraut.

Was hinter ihm ist, ist vorbei, ist die Vergangenheit.
Über Vergangenes noch nachzudenken
nimmt er sich nicht die Zeit.
Die Jahre gehen, die Zeit geht mit, das Leben bleibt zurück.
Der Mensch läuft immer noch davor
ein entsprechend großes Stück.

Doch ein Mensch in meinem Alter
schaut öfter nach Vergangenem, dreht sich öfter danach um.
Wieso ich das so praktiziere? Ich weiß es nicht warum.
Ich lauf nicht mehr so schnell wie früher,
das Leben hinter mir holt mich beinahe ein.
Wie soll ich das verhindern? Ich bin am End mit dem Latein.

Ich strauchle vorne weg, hinter mir übermächtig die Gefahr.
Hinter mir rollt sie heran, wo ich geirrt
und wo ich oft säumig war.
Wo ich Dinge hab falsch eingeschätzt, zu dies und jener Zeit.
Auf andere zu hören, war selten ich bereit.

Ich hätt besser auf mein Herz gehört,
nicht nur auf den Verstand,
den Holzweg zu verlassen, auf dem ich mich befand.
Zu hart war ich zu mir, auch zu meinem Gegenüber.
Ich kann es nicht mehr ändern, die Zeit ist schon vorrüber.

Jetzt ist kein Vorwärtskommen mehr,
denn viel zu oft schau ich nach hinten.
Die Vergangenheit, das Leben holt mich ein,
ich kann nicht mehr entschwinden.
Die Zeit die schon vergangen ist
die macht mir jetzt zu schaffen.
Um diese abzuwehren muss ich alle Kraft zusammenraffen.

Ich hab nichts ausgefressen, ich hab auch nichts verbrochen,
trotzdem kommt mein Leben jetzt mir hinterhergekrochen.
Egal wie schnell ich vorne bin,
das Leben hinter mir ist schneller.
Die Vergangenheit dreht sich so schnell
wie auf dem Plattenteller.

Wenn noch mal Zeit vergeht, bin ich vom Leben eingeholt
und wieder ein Stück Zeit
dann bin ich von der Vergangenheit von hinten überrollt.

Die Zeit und ihre Begleiter 2015

2015

Nach fünf Jahren Bürgerkrieg in Syrien und mehr als zehn Jahren Glaubenskrieg in Afghanistan und Unruhen in afrikanischen Ländern hat Deutschland seine Grenzen für Flüchtlinge aus den Kriegsgebieten geöffnet. Diese Einladung nahmen Hunderttausende, wenn nicht Millionen Menschen aus diesen Ländern zum Anlass, der Einladung zu folgen.
Eine, seit dem Ende des zweiten Weltkrieges, nie dagewesene Völkerwanderung hat daraufhin eingesetzt.
Die meisten Flüchtenden wurden mit Schlauchbooten und anderen seeuntüchtigen Kähnen über das Mittelmeer nach Griechenland geschleppt. Von wo sich ab August 2015 eine wahre Lawine durch die Balkanländer in Richtung Deutschland in Bewegung setzte. Zehntausend und mehr überquerten täglich die Grenze. Die betroffenen Länder waren dem Ansturm nicht gewachsen, beziehungsweise nicht darauf vorbereitet, so dass die Asylsuchenden oft unter erbärmlichen Umständen durch die Länder geschleust wurden. Ich wurde selbst mehrmals Zeuge dieser unhaltbaren Zustände. Wenn europäische Staaten in dieser Angelegenheit oft hilflos und überfordert dastanden, wie sollte der einzelne Bürger agieren?

Hilfesuchend war der Flüchtling, genauso sind mir in diesen Tagen unsere Politiker in Europa vorgekommen.

Endzeitstimmung

Endzeitstimmung macht sich breit wieder mal in unserer Zeit.
Der Reichtum ist im Überschwang,
die Armut dauert viel zu lang.
Eine Handvoll Reiche diktieren heut die Welt.
Die Mehrheit der Bevölkerung hat viel zu wenig Geld.

In den Krisenherden bekämpft den Krieg man jetzt mit Krieg.
Am Ende gibt es nur Verlierer, da gibt es keinen Sieg.
Nur Ruinen ausgebombt und Menschen auf dem Sprung.
Europa ist in Aufruhr durch die Völkerwanderung.

Die Lösungen sind ausgegangen,
die Probleme nehmen überhand.
Das ist auch nicht mehr anders in unserem Abendland.
Man bekämpft sich gegenseitig,
vermeintlich unter Gottes Schutz.
Das Resultat ist nicht die Glorie,
es sind nur Tod und Rauch und Schmutz.

Jene, die die Welt regieren wollen
denen fehlt die Handschlagqualität.
So traurig das auch klingt, es ist die Realität.
Das System ist der Tyrann,
der unterdrückt und ungerecht verteilt.
Jene, die das System bedienen, haben sich schon hochgeseilt.

Das System bestimmt die Regel, es freie Meinung unterdrückt.
In den entsprechenden „Regierungen“
wird nur mehr abgenickt.
Die Nicker stehen vorne, sie nicken eifrig weiter.
Sie sind schon oben angelangt auf der Karriereleiter.

Was sollen sie verändern, sie sind ein Teil von dem System.
Hand aufs Herz, ihr Leben läuft zufriedenstellend,
gediegen, angenehm.
Endzeitstimmung macht sich breit,
wie die Menschheit oft erlebt.
Wie oft hat unverhofft die Erde schon gebebt?

Wie oft haben Kriege, Seuchen, Hungersnöte
die Welt schon fast zerstört.
Doch vom totalen Ende hab ich noch nichts gehört.
Endzeitstimmung befällt die Menschen ob sie alt sind oder jung,
denn so wie sich der Mensch gebärdet
gibt es kaum noch eine Steigerung.

Angst

Die Angst geht um in Wald und Flur,
hat einen schwarzen Mantel um.
Aus dem Wald ertönt der Ruf: „ Schützt Euer Eigentum!"
Weiter schallt es aus dem Wald:
„ Doch das wird nicht nützlich sein,
samt aller Zäune, aller Mauern komm ich trotzdem zu euch rein.

Mit Radio und TV Gerät komm ich in jedes Haus.
Auch in den Supermarkt, in die Straßenbahn,
so sieht die Sache aus.
Sitzt auf euren Klunker drauf, schließt zu, fest den Tresor,
ich bin die große Unbekannte!" Das klingt an jedes Ohr.

Die Angst ist gegenwärtig,
sie durchdringt die stärksten Mauern.
Jene, die dahinter sitzen vor Ängstlichkeit erschauern.

Die Angst vor allem Fremden, hält fest sie in der Zange.
Die Angst macht sie gelähmt,
wie das Kaninchen vor der Schlange.

Wer niemals raus kommt aus seiner Haut,
den ständig Angst begleitet.
Alles Fremde schlecht zu machen, ist er dazu verleitet.
Angst ist hinderlich, gibt keinen guten Rat.
Die Angst zerstört das Gleichgewicht, ist schädlich in der Tat.

Was man nicht kennt, das ist nicht gut, das ist für manchen klar
und jedes Schauermärchen, hält man schlicht für wahr.
Die Angst geht um in Wald und Flur,
kommt gleich zur Tür herein.
Das Tageslicht verblasst, bald wird es dunkel sein.

Man sieht schon lange Schatten,
wer sich dahinter wohl versteckt?
Die Ängstlichen die rennen heim,
sie sind schon ganz verschreckt.
Wie Nebelschleier zieht die Angst nun in die Häuser ein.
Was sich in der Angst verbirgt, das muss was Fremdes sein.

Zweifel hinter meinen Mauern

Viel Volk ist unterwegs, die Menschen strömen übers Land.
Dass sie meinen Wohlstand wollen, ist mir auch bekannt.
Darum baue ich eine Mauer auf, um mein Eigentum zu retten.
An die Türen mach ich Schlösser dran,
davor noch schwere Ketten.

Ich lasse niemanden zu mir herein, die könnten mich berauben.
Dass alle Fremden harmlos sind, das will ich gar nicht glauben.

Im Zwinger stehen Hunde, die sind gar scharf dressiert.
Die sollen dafür Sorge tragen, dass mir nichts passiert.

Von den Ketten lass ich sie, dann bringen sie mir Sicherheit.
Das sehe ich als Eigenschutz in dieser rüden Zeit.
Alle Fremden sind gefährlich, das hab ich so gehört.
Vor allem ist es ihre Sprache, die mich am meisten stört.

Nun sind sie da mit Sack und Pack in meiner heilen Welt.
Die wollen meinen Wohlstand rauben,
womöglich auch mein Geld.
Was ich mir angesammelt habe, das will ich jetzt nicht teilen.
Um meine Mauer dicht zu machen muss ich mich jetzt beeilen.

Ich bin ein guter Christ und will es immer bleiben,
da kann ich mit Andersgläubigen, mir nicht die Zeit vertreiben.
In gewissen Kreisen denkt man laut
wie man mit solcherlei verfährt.
Damit wäre alles fremde Übel, auf einmal schnell geklärt.

Alle in ein Großraumflugzeug und ab übers Mittelmeer.
Zurück in ihre Länder, denn von dort kommen sie daher.
Was kümmert mich ihr Schicksal, ich kann es ja nicht ändern.
Die sollen dort verbleiben, in ihren Heimatländern.

Die Mauer steht, die Tore dicht, obenauf noch Stacheldraht.
Das ist meine Sicht von Recht und Sicherheit,
das ist so meine Art.
Hier herinnen ist mein Lebensraum,
hier drinnen hab ich es warm.
Was kümmern mich die anderen Menschen,
ob sie nun reich sind oder arm.

Ich hör sie nicht, ich seh sie nicht,
mir kann gar nichts passieren.
Ich will auf keinen Fall fremde Menschen einquartieren.

Mir kommen Zweifel, ob ich richtig bin mit meiner rauen Art,
denn die Vergangenheit ist längst vorüber
ich lebe in der Gegenwart.

Wie soll ich mich verhalten, was wird wohl richtig sein?
Not und Elend rühren mich, denn ich hab kein Herz aus Stein.
Jetzt besinn ich mich, wenn ich vor Mauern stehen würde.
Auch eine Rolle Stacheldraht ist eine große Hürde.

Ich hab auch Angst vor Hunden
wenn sie scharf abgerichtet sind.
Mein Gewissen klopft an mein Gehirn,
denn ich bin nicht taub und blind.
Ich reiß die Mauern nieder, die ich vorher aufgebaut.
Die Menschen die dahinter stehen, die sind mir wohl vertraut.

Sie sehen aus wie du und ich, sie sind aus Fleisch und Blut.
Sie werden nicht viel anders sein als ich, mal böse und mal gut.
Es sind schlicht und einfach Menschen mit allen ihren Sitten.
Ich höre wie sie vor der Mauer um Einlass zu mir bitten.

Ihre Sprache ist zwar unverständlich,
doch ich red´ mit Händ und Füß.
Dass sie nichts Böses mit mir wollen, das ist mir jetzt gewiss.
Dass sie Allah als ihren Gott verehren
das ist mir ziemlich gleich.
Sie hoffen wahrscheinlich auch wie ich
auf ein ewiges Himmelreich.

Einerlei wie sie ihren Gott nun nennen, das ist mir ganz egal.
Für mich sind alle Götter gleich viel wert
oder nicht mehr als Rauch und Schall.
Ob Gott den Menschen helfen wird, das glaube ich wohl kaum.
Warum gibt es sonst das ganze Elend?
Dieser Zweifel steht im Raum.

Unsere Brüder

Der Fremde soll dein Bruder sein,
ob er nun schwarz ist oder braun.
Man hat mir das schon oft erklärt,
nach der Farbe nicht zu schaun.
Auch nicht danach, woher er kommt,
so gesagt, aus welchem Land.
Wenn in einem anderen Land er wohnt, ist er uns nicht bekannt.

Obwohl er für uns unbekannt, soll er uns immer Bruder sein.
Wenn er einmal Hilfe braucht, sag du ihm da nicht „nein".
Doch wie soll ich zu meinem Bruder stehen,
wenn er mich bestiehlt?
Kann mir jemand einen Rat erteilen, was sich da empfiehlt?

Fremde sind zu uns gekommen vor Wochen und vor Tagen.
Sie sind in unsere Heimstatt eingedrungen, ohne uns zu fragen.
Sie haben alles mitgenommen, was sich transportieren ließ.
Ganze Arbeit haben sie geleistet, bei Nacht und Finsternis.

Auch unsere Nachbarn wurden heimgesucht
noch in derselben Nacht.
Vom Einbruch hat man erst am nächsten Morgen
die Entdeckung dort gemacht.

Was soll ich von meinen Brüdern denken,
wenn man so mit uns verfährt?
Über dieses Missverständnis wär ich gern aufgeklärt.

Neulich stiegen solche Brüder
bei einem Bekannten in sein Haus
und kamen schon nach kurzer Zeit, gleich zu der Tür heraus.
Ihr Lieferwagen stand davor, der wurde gleich beladen.
Dieser Einstieg brachte dem Bekannten
den entsprechend großen Schaden.

Der Clou von der Geschichte ist, es war nicht einmal Nacht.
Den Einbruch haben diese Brüder tagsüber gleich gemacht.
Unsere Grenzen sind nicht mehr bewacht,
das ist die neue Herrlichkeit.
Der große und der kleine Grenzverkehr
herrschen überall zurzeit.

Alles wandert zu den Brüdern, ob nun Fahrrad oder Mofa.
Sie verschmähen nicht den Kleiderkasten
und auch nicht Omas Sofa.
Man nimmt sich Fleisch gleich aus der Räucherkammer
und die Kürbiskern vom Lager.
Motormäher, Rasenmäher, Motorsäge,
das sind die großen Schlager.

Von den Autos nimmt man die Räder,
falls sie ein neueres Model.
Am Morgen steht dein Auto ohne Räder da,
das geht auch ganz schön schnell.
Die Karosse steht da aufgebockt, da hast du Glück bestimmt,
dass nicht dein Bruder es als Ganzes
mit sich nach Hause nimmt.

So ist so manches Gut über die Grenze schon geeilt.
Die Brüder haben nur den Besitzstand umverteilt.
Der Fremde ist mein Bruder, das schreib ich mir ins Herz,
doch glaube ich, dieser Spruch ist nur ein dummer Scherz.

Land am Strome

Es fließt ein Strom durch Österreich, wie keiner noch zuvor.
Er durchbricht jetzt alle Schleusen, durchflutet Tür und Tor.
Er ist nicht aufzuhalten, nicht mit guten Worten,
noch mit der Staatsgewalt.
Die Grenze ist jetzt keine mehr, wo früher sie noch galt.

Es sind dies nicht die Ströme Donau oder Drau,
die von West nach Osten fließen,
die sich nach deren Vereinigung ins Schwarze Meer ergießen.
So fließt das Wasser dieser Flüsse bereits seit Jahr und Tag.
So hat man sich daran gewöhnt, so wie man sie auch mag.

Der Strom, von dem ich spreche, der fließt nun ganz verkehrt.
Der hat im Nahen Osten ein Land schon bald geleert.
Es sind nicht Wassermoleküle,
die über unsere Grenzen schwappen.
Es sind dies Menschen so wie du und ich,
die nach ihrer Freiheitswürde schnappen.

Der Strom aus Menschenleibern, gespickt mit Frauen, Kindern,
durch unser Land zu fließen, lässt er sich nicht behindern.
In Deutschland hat man ein Tor geöffnet,
das erzeugt den stärksten Sog.
Die Menschen suchen eine Bleibe und einen Futtertrog.

Deutschland öffnet seine Tore, der Strom wälzt sich dorthin.
Das ist von einer Völkerwanderung ein neuer Anbeginn.
Dort wo der Strom entspringt, reißt er alles mit sich fort.
Er nimmt die besten Leute mit, auch aus dem kleinsten Ort.

Weil Krieg und Anarchie dort herrschen,
seit ein halbes Dutzend Jahren,
wo einst die von dort Flüchtenden daheim und sesshaft waren.
Der Menschenstrom ergießt sich übers Meer,
erreicht erst Griechenland.
Die Lage im besagten Land ist äußerst angespannt.

Der Strom wälzt weiter sich bis Serbien hinein.
Doch an Ungarns Grenze wacht Orban
mit Zaun und Stacheldraht und lässt sie nicht hinein.
An Ungarns Grenze prallt er ab,
der Strom aus Menschenmassen
und Serbiens Auffanglager können die Flüchtenden
bei weitem nicht erfassen.

Er sucht sich einen neuen Weg,
denn der Strom hat nur ein Ziel.
Auf dem Weg nach Deutschland
kommt auch Österreich ins Spiel.
Die Menschen ziehen weiterhin von Süd nach Nord
und dann nach Nord-Nord-West.
Die Strapazen und die lange Dauer
geben so manchem schon den Rest.

Wie eine Überschwemmung strömen
die meisten dann in das deutsche Land hinein.
Hier erwarten sie nun von der Kanzlerin
Verköstigung und Heim.

Ist erst das Ziel erreicht verfliegt die Euphorie,
denn erstens, wie man sich gedacht,
ist es zweitens meistens nie.

Ich bin gespannt darauf, ob jemals folgendes passiert,
ob dieser Menschenstrom
zurück in den Nahen Osten strömen wird.

Der Zaun

An Ungarns Grenze steht ein Zaun,
der ist mit Stacheldraht bewährt.
Jeder der dort drüber will, der bleibt dort ausgesperrt.
Man will ihn weiterbauen, womöglich rundherum.
Will man sich selbst beschränken, da fragt man sich warum?

Dieses Werk ist ein böser Streich,
man hofft, dass Einsicht kommt.
Dass er abgerissen wird, so wie er aufgebaut,
genauso schnell und prompt.
Doch der Zaun an Ungarns Grenze steht wie Orban es befahl.
Bis obenhin aus Stahl und Eisen, fest gefügt von Pfahl zu Pfahl.

Wie lang der Zaun dort stehen bleibt, das ist noch ungewiss.
Er ist für Volk und Land ein großes Hindernis.
Den Flüchtlingsstrom soll er verhindern,
dass er durch Ungarns Lande führt.
Ich denke noch an Sechsundfünfzig, an die Ungarnkrise,
da war Österreich gerührt.

Hunderttausend und noch mehr, hat man hier aufgenommen.
Obwohl die Österreicher damals selbst noch arm,
hat jeder Brot und Bett bekommen.
Da war kein Zaun und keine Hürde, man hielt die Türen auf.
Ungarns Volk ist von dort geflohen, sie kamen gleich zu Hauf.

An Ungarns Grenze steht ein Zaun
ein Bollwerk der Unmenschlichkeit.
Solche Zäune sind ein Überbleibsel aus einer fernen Zeit.
Die an solchen Zäunen stehen,
verstehen die moderne Welt nicht mehr.
Um Freiheit zu erleben, deshalb kommen sie daher.

Diese Zäune sind ein Bumerang für Ungarns Politik,
denn über diese Handlungsweise, herrscht überall Kritik.
Man baut um Ungarn einen Zaun herum
und wenn er schlussendlich steht,
ist endgültig sie gestorben, die Solidarität.

Hat die Politik dann Ungarn eingezäunt
und falls der Zustand lange währt
dann hat Ungarns Volk sich selbst dort eingesperrt.

Es liegt was in der Luft

Es liegt was in der Luft, das ist nicht auszumachen.
Mir ist nicht mehr nach Fröhlichsein,
schon gar nicht mehr zum Lachen.
Was ich gehört, gesehen habe, so in den letzten Tagen.
Nur Flüchtlingsstrom und Angst vor Fremden
und viele andere Klagen.

Ich seh die Bilder, hör die Worte,
kurz gesagt, ich weiß Bescheid.
Jene die auf dem Weg nach Europa sind,
die tun mir wirklich leid.
Sie sind entwurzelt, untergraben, die Krise hat sie weggespült.
Ich kann fühlen wie im Herzen drin so mancher Flüchtling fühlt.

Den Gefahren ausgesetzt, zuerst im Heimatland,
gekentert mit dem Flüchtlingsboot, tot angespült am Strand.
Falls die Überfahrt gut überstanden, ist der Weg unendlich weit,
bis er erreicht, was er erträumt, die falsche Herrlichkeit.

In Lagern wird er aufgefangen und von Müdigkeit gequält.
Alle Übel die ihm drohen, sind nicht leicht aufgezählt.
An der ersten Grenze, die er überschreiten will,
droht schon das erste „Halt.“
Immer wieder bekommt er sie zu spüren, die Polizeigewalt.

Die Ungewissheit die ihm stets begleitet,
wird durch weitere Übel noch ergänzt
und das Ziel, das er sich anvisiert noch in weiter Ferne glänzt.
Allein der Umstand, dass sie unterwegs sind
verbreitet ein mulmiges Gefühl.
An Ungarns Grenze und am Stacheldraht
sah ich das schreckliche Gewühl.

Es liegt was in der Luft, in den heurigen Spätsommertagen.
Ist es Angst, ist es die Erwartung?
Ich kann es selbst nicht sagen.
Ist es das Ereignis, das mich bedroht, das mich bedrückt?
Nach reifer Überlegung habe ich das Bild
mir selbst zurechtgerückt.

Es liegt was in der Luft, das bedroht mein Gleichgewicht.
Dass ich nun schwindlig bin, nein, nein, das ist es nicht.
Die Ruhe die von Innen kommt, die ist mir jetzt gestört.
Dass es anderen auch so geht, das hab ich schon gehört.

Das Geld hat keine Wertigkeit,
es zergeht wie in der Sonne drin der Schnee.
Was wir von den Politikern zu hören kriegen,
erweist sich hinterher als Schmäh.
Was soll ich glauben, was mir wünschen,
woran soll ich mich halten?
Ich glaub, ich hab genug davon, von solchen Lichtgestalten.

Was macht man mit dem Steuergeld?
Damit füllt man Fässer ohne Boden.
Loch auf, Loch zu auf des Bürgers Rücken,
das sind saubere Methoden.
Milliarden wirft man einer kranken Bank
zur Zeit noch hinterher,
doch für den Mindestlohnempfänger
gibt es keine Mittel mehr.

Von wo nimmt man die Milliarden her?
Nur aus des Volkes Sack.
Jene, die uns das eingebrockt, die sind ein übler Pack.
Sie führen zwar das große Wort,
doch Verantwortung ist ihnen fremd.
Sie legen ganz besonders Wert auf ihr scheinbar weißes Hemd.

Abfangjäger hat man angeschafft
um uns von oben zu beschützen,
doch jetzt fehlt das Geld, um damit aufzusteigen.
So kann man uns nicht nützen.

Die Herren machen was sie wollen, es nützt nicht die Kritik.
Worauf ich gern verzichten könnte, das ist die Politik.

Als ich noch klein und unerfahren war
hatte es ein Buch mir angetan.
Die „Schildbürger" hab ich oft gelesen,
auch heut ist noch was Wahres dran.

Es liegt was in der Luft, das wird von den Bauern ausgebracht.
Das ist ein Umstand, der mir schon wieder
Kopfzerbrechen macht.
Man spritzt auf Felder Gifte aus, die sind nicht ungefährlich.
Die Früchte die dort wachsen, sind alles andere als begehrlich.

Man sagt uns nicht was Sache ist, zu stark ist deren Lobby.
Was an der Natur verbrochen wird,
gilt längst nicht mehr als Hobby.
Wenn man die Sache analysiert,
ist das zumindest ein Vergehen.
Die Täter sollen niemals sagen können:
„ Es war nur ein Versehen."

Die Bienen gibt es längst nicht mehr,
so wie früher sie vorhanden.
Ich werd die Blüten selbst bestäuben, so wie in fernen Landen.
Ein Bauer sagte mir, als ich ihn fragte,
ob er nicht in die Zukunft schaut:
„Was willst du mit der Fragerei? Das Gift wird abgebaut!"

Nur mehr ein, zwei Weltkonzerne
verkaufen das Saatgut und den Dünger.
Dem Bauern, Spitzenleistung und Toperträge,
versprechen deren Jünger.

Flexibilität und Sortenreichtum wird hiermit unterbunden.
Alles wird nur mehr diktiert, das sagt man unumwunden.

Es liegt was in der Luft,
das riecht nach Pulver und nach Rauch.
Auch wenn man Kriege nicht mehr führt
nach altbewährtem Brauch.
Die Supermächte rüsten auf, was will man damit bewenden?
Will man mit deren Waffen, dass Mensch und Tier verenden?

Man pumpt so viel Geld da rein in die Rüstungsindustrie,
wie seit dem zweiten Weltkrieg inzwischen bisher nie.
Panzer werden aufgefahren und Raketen aufgestellt.
Es ist ein wahrer Wettlauf rund auf der ganzen Welt.

Sprengkraft ist genug vorhanden, um alles Leben zu beenden.
Wer kann in diesem bösen Spiel
das besagte Blatt noch wenden?
Man meidet das gemeine Volk, zu viel soll es nicht wissen
und jene die die Hebel schieben, die haben kein Gewissen.

Im Hintergrund ist es längst auf Schiene, des Krieges Ungetüm.
Man verwendet für die Pläne nur ein gewisses Pseudonym.
Es liegt was in der Luft, das ist so ungewiss,
das hat die Welt entzwei geteilt, durch einen starken Riss.
Die Mächte haben auch früher schon um Einfluss oft gerauft.
Das Volk wird auch heute noch als taub und dumm verkauft.

Es liegt was in der Luft, das kann ich nicht benennen.
Dass es mich unwohl macht,
muss schlichtweg ich bekennen.

Was geschieht mit mir,
wenn ich einmal mir selbst nicht helfen kann?
Denn irgendwann kommt auch der Gesündeste
an sein Lebensende dran.

Ein böser Sturz, ein Schlaganfall, die Möglichkeit besteht.
Die Aussicht um daheim zu sterben, ist wie hinweggeweht.
In einer Anstalt zu veröden, davor fürchte ich mich sehr.
Dorthin wär ich abgeschoben, aus jeglichem Verkehr.

Es liegt was in der Luft, oft ist es ganz real.
Ich kann es förmlich spüren, ganz besonders in dem Fall.
Es liegt was in der Luft, das nennt man Pflegeheim.
Dass ich darin verschwinden könnte, das nervt mich ungemein.

Flucht

Stell dir vor, dass ab morgen dein Dorf nicht mehr besteht.
Dass für dich und deine Angehörigen die Welt zu Grunde geht.
Nach Ruhe und Geborgenheit hast du hier gesucht.
Ab morgen gibt es nur den einen Weg, das ist der Weg der Flucht.

Was immer dich vertreibt, es muss was Böses sein.
Es geht bei dir durch Mark und Pein bis in dein Herz hinein.
Was nimmst du mit, was können deine Hände tragen?
Was brauchen deine Kinder, wirst du als erstes fragen.

Die zweite Frage lautet: „Wohin soll ich dann gehen?“
denn in der Heimat bleiben, das kann nicht mehr geschehen.
Du irrst umher, ohne Nahrung, ohne Dach
mit warmen Wasser duschen, das fällt für lange flach.

Hier ist ein Auffanglager und du bist endlich hier.
Doch es ist bei weitem überfüllt und du hast noch kein Quartier.

Die Kinder weinen, haben Hunger, sie wollen endlich schlafen.
Ist das das Schicksal, wer kann nur so bestrafen?

Endlich hast du auch ein Plätzchen für dein bisschen Leben.
Ihr liegt in Reih und Glied, mehr drüber als daneben.
Das ist das Schicksal, das Schicksal von Millionen.
Sie sind alle Flüchtlinge, die in einer Zeltstadt wohnen.

Es gibt nur ein Heute dort, das Morgen ist zu fern.
Über Sicherheit und Geborgenheit
spricht man im Zelt nicht gern.
So geht es Millionen auf der Welt, sie sind alle auf der Flucht.
Sie wollten in der Heimat bleiben und haben es versucht.

Doch Hungersnot und Völkermord, die Dürre oder Krieg .
Nur durch Flucht sein Leben retten, das ist ein falscher Sieg.
Wir, die hier im Wohlstand leben, wir können nur vermuten
wie Menschen auf der Flucht im Herzen drinnen bluten.

Ob Mexiko, Honduras, in Syrien, im Irak oder der Ukraine,
die Flüchtenden sind alle gleich, sie sind immer nur alleine.
Es zählt nur mehr der Augenblick,
die Zukunft gibt es nicht, weil ohne Heimat,
ohne Brot eine Welt zusammenbricht.

Mich schaudert, wenn ich daran denke,
ich find die Welt gemein.
Mein Gewissen gibt nicht Ruh, denn ich sitz im sicheren Heim.
Nicht auszudenken, falls ich mal flüchten müsste
ohne Nahrung, ohne Geld.
Wohin würd ich wohl flüchten in dieser bösen Welt?
Würd ich ein Auffanglager finden und dort auch ein Quartier?
Ich wäre nämlich nicht allein, ich hätte Frau und Kind bei mir.

Und hätt ich endlich Dach, auch wenn es nur aus Plane,
wie ich mich dort verhalten würde, ich heute nicht mal ahne.

Der Flüchtling ist zerstört, er ist entwurzelt, ausgegraben.
In seiner Seele hinterlässt die Flucht
ganz schrecklich tiefe Narben.
Seit es Menschen gibt, gibt es Flüchten und Vertreiben.
Auch wenn die Welt noch tausend Jahre steht,
es wird so ähnlich bleiben.

Völkerwanderung

Die Grenzen dicht, die Mauern hoch,
so macht man es vororten.
Man sperrt sie aus, aus unsrer Welt
mit Zäunen und mit Worten.
Sie sind wie Unrat, wie ein Krebsgeschwür,
die von zu Hause fliehen.
Die wegen jeder Kleinigkeit in andere Länder ziehen.

So ist der Tenor hie und da, Gott sei Dank ist er recht spärlich.
Jene die das von sich geben, sind zu sich selbst nicht ehrlich.
Weshalb, warum lässt man Solcherlei ertönen?
Man sieht und hört doch überall
wie die Geknechteten laut stöhnen.

Man ist mit der Vernetzung doch mitten im Geschehen,
wie anderswo, dort Irgendwelche
schweres Unrecht sie begehen.
Es herrscht dort Krieg und Anarchie, Verfolgung, Hungersnot
und jede eigene Meinung wird mit dem Tod bedroht.

Wie sind die Menschen fortgezogen
seit Jahrhunderten schon immer?
Die Zeit im späten Mittelalter war damals noch viel schlimmer.
Wer hat wohl Amerika besiedelt?
Es waren das Menschen auf der Flucht.
Die haben dort ihr neues Glück, ihr Lebensziel gesucht.

Die Menschen sind geflohen, wo anders suchten sie ihr Heil.
Sie wurden wieder sesshaft in einem andern Teil.
Die Völker die damals fortgezogen, die nahmen sich ihr Recht.
Heute kann man nicht mehr sagen, ob richtig und gerecht.

Die heute auf der Flucht sind, die sind friedlich unterwegs.
Dass sie physisch uns bedrohen, das ist es keineswegs.
Keine Macht der Welt hält auf Dauer solche Massen auf.
Mit der neuen Völkerwanderung
nimmt die Geschichte ihren Lauf.

Inmitten drin

Es ist alles eitle Wonne, doch hab ich den Verdacht,
da hat jemand durch meine Rechnung
einen Strich hindurchgemacht.
Heut bin ich guter Laune, freue mich was der Tag so bringt,
doch in der Morgenzeitung mir ein Wort entgegenspringt:

„Flüchtlingsdrama" steht zu lesen dort,
mit extra großen Worten.
„ Flüchtlingsdrama" les ich jetzt, „das herrscht an allen Orten."
Ich schling den Text hinunter, dazu schlürf ich den Kaffee.
Morgens will ich meine Ruhe, weil ich darauf so steh.

Ich streiche mir ein Brot, dazu köpf ich das Frühstücksei.
Während ich so schmause, zieht vor meinem Gedächtnis
der Flüchtlingsstrom vorbei.
Es schmeckt nicht mehr Kaffee und Ei,
auch das Brot war gestern besser.
Ich denk noch an den Flüchtlingsstrom,
das Bild wird immer größer.

Ich sitz am Tisch, bin miesgestimmt, gegenüber meine Frau.
Ich bin doch selber schuld, wenn ich beim Frühstück
schon in die Zeitung schau.
Das Radio ist auch eingeschaltet, ganz leise und manierlich.
Da hör ich ein Violinkonzert, jetzt graziös und zierlich.

Die Musik ist aus, ein Sprecher sagt,
Nachrichten will er bringen.
„ Flüchtlingsdrama im Mittelmeer“ es ist zum Händeringen.
„ Ein Boot gekentert, hundert tot, zweihundert sind gerettet.“
Dass noch mehr Boote kentern, drauf hab ich schon gewettet.
Mein Frühstück ist mir jetzt vergällt, mir steckt ein Klotz im Hals.
Diese Prozedur wiederholt sich täglich,
beim Frühstück abermals.

Ich sitz in einem warmen Haus, das Dach hält noch schön dicht.
Der Kühlschrank ist zum Bersten voll,
zu hungern brauch ich nicht.
So hätte ich ein feines Leben,
wenn der Flüchtlingsstrom nicht wär.
Die Zeitung und das Radio bringen die Not mir in mein Haus,
die Lage ist prekär.

Somit bin ich aufgewühlt, bin schuldbewusst
und voll von fremden Sorgen.
Was schreibt die Zeitung wieder,
was bringt der Rundfunk morgen?
„Flüchtlingsstrom“ dringt in mein Hirn,
„Flüchtlingsdrama“ in mein Herz.
Ich bin nicht mehr zu Späßen aufgelegt,
nicht zu dem kleinsten Scherz.
„ Flüchtlingselend“ hör ich schreien,
auch wenn gar niemand schreit.
Bin ich nicht mehr ganz bei Sinnen? Ja, es ist beinah soweit!

Des Nachts, wenn mich der Schlaf umnebelt,
hab ich trotzdem keine Ruh.
Im Traum ziehen Menschen durch mein Zimmer,
sie flüchten immerzu.
Ich bin mitten in der Masse, fühl mich müde und elend.
Mich quälen Hunger und der Durst, beinah bin ich am End.

Nur weiter will die Masse, ich bin mitten unter Ihnen.
Ich will auch wie sie woanders hin, um neu dort zu beginnen.
Wir steigen über Zäune, durchbrechen jeden Wall.
Wir wollen nur wo andershin und das auf jeden Fall.

Ich bin ein Flüchtling, so wie Hunderttausend,
wir ziehen übers Land.
Über Polizei und Stacheldraht, sind wir hinweggerannt.
Hinein in ein gelobtes Land, wo Milch und Honig fließen.
Wo die Hoffnung wachsen kann, der Frieden lebt
und die Freuden sich ergießen.

Der Traum ist aus, ich bin erlöst, trotzdem bin ich nicht am Ziel,
denn das was ich geträumt, das wirkt noch nach zu viel.

Ich bin nicht auf der Flucht, ich habe alles was ich brauch.
Es gibt hier keine Hungersnot und friedlich ist es auch.

Trotzdem bin ich jetzt ein Flüchtling,
denn solidarisch will ich sein.
Ich stell mich in Gedanken in den Flüchtlingsstrom
inmitten drin hinein.

Ein neues Spiel

Tor auf, Tor zu, das ist ein neues Spiel.
Wenn ich das lustig fände, das wäre wohl zu viel.
Erst reißt man alle Türen auf, sprich, alle Länder Grenzen.
Dann wird man seine Grenzen mit Stacheldraht ergänzen.

Deutschland ruft: „Kommt alle her, ihr seid bei uns willkommen.
Mann und Frau und Kinderlein, es ist niemand ausgenommen.
Wir brauchen frisches Blut in der erstarrten Welt.
Wir stellen Wohnraum zur Verfügung, dazu genügend Geld!“

Der Ruf drang über Ländergrenzen, bis übers Mittelmeer.
Von dort kommen schon seit Jahren
fremde Menschen zu uns her.
Der Ruf der blieb nicht ungehört, er hat Freude ausgelöst.
Er hat im fernen Syrien
die Menschen von Hoffnungslosigkeit erlöst.

Er hat in Allahs Afghanistan auch die Massen mobilisiert.
Dasselbe ist im Irak und anderswo in Afrika passiert.
Sie alle sind nun aufgestanden, mit dem Koffer in der Hand
und alle wollen nun auf einmal
in das Angela Merkel Wunderland.

Nun war sie losgetreten die Lawine
aus Menschen, Fleisch und Blut.
Sie hat Spuren hinterlassen, was bekanntlich die Lawine tut.
Europa hat laut aufgestöhnt wegen dieser großen Herde.
Man hat erst fest versprochen;
dass man sie nicht hindern werde.

Durch Europa stand ein Korridor, darin wälzte sich der Strom.
Sie alle wollen in das Merkel Land,
allein die Hoffnung macht sie fromm.
Auf dem Weg gibt es auch Hindernisse,
doch es drängen neue Menschen nach.
Das erzeugt bei den Politikern ein lautes Weh und Ach.

Der eine macht die Grenzen zu, der andere baut den Zaun.
Die an der Grenze stehen müssen,
können nur mehr drüber schaun.
Tor auf, Tor zu, das ist das neue Spiel.
Um das lustig zu empfinden, das wäre wohl zu viel.
Millionen sind noch sprungbereit,
hat die Presse jüngst verlautet.
Wer auf dem Weg sich nach Europa macht,
der sich als Flüchtling outet.

Ich würd die Menschen ziehen lassen, soweit sie immer wollen.
Man muss auch jedem Flüchtenden ihm seine Freiheit zollen.
Es nützt nichts sie dort festzuhalten,
wo die Perspektiven fehlen.
Man wird dadurch die Betroffenen nur unnötig weiterquälen.

Sie kommen einmal sowieso, ob nun früher oder später.
Wer an der Grenze Zäune baut, ist an der Freiheit ein Verräter.
Menschlichkeit und Hilfsbereitschaft, das hat noch nie gefehlt,
denn wir brauchen frisches Blut in der erstarrten Welt.

Was ist es?

Was zieht durch unsere Länder,
ist unerwünscht und trotzdem jetzt präsent?
Es ist lang so wie ein Bandelwurm
und noch lange nicht am End.

Es bewegt sich fort verschiedentlich,
mal langsam und mal schneller.
Die Farben sind von schwarz bis braun
und manches Mal auch heller.
Er ist zerlumpt, doch zum Teil auch ganz manierlich.
Das, von dem ich schreibe,
hat die Körperform von korpulent bis zierlich.

Es sind darunter Wesen die sind wie hingemalt,
doch andere hingegen wiederum sind runzelig und alt.
Der eine ohne Beißwerkzeug sein karges Brot verzehrt.
Der andere kann nicht lesen, er hält sein Buch verkehrt.

Doch viele sind darunter, die könnten uns was zeigen.
Denen ist ein großer Sprachenschatz
und Wissensdurst zu eigen.
Das, was durch die Länder zieht, durch Städte, Dörfer, Orte,
will ich nicht benennen, es fehlen mir die Worte.

Es ist ein langer Bandelwurm, der kriecht und robbt und rennt.
Wer ihn noch nicht gesehen hat, der nichts dergleichen kennt.
Mal ist er dünn, mal ist er breit, dann ist er aufgestaut.
Wenn er erst mal aufgestaut,
das hat vorher kaum jemand noch geschaut.

Er kann auch manchmal böse sein,
doch meistens ist er friedlich,
aber man könnte niemals fragen:
„Mein Gott, ist er nicht niedlich?"
Wenn du wissen willst, wie ihm geschieht,
was ist sein Aufbegehren,
dann stell dich eine Zeitlang hin zu ihm,
niemand wird es dir verwehren.

Dann bist du von dem Bandelwurm nicht mal ein einziges Bein,
denn der Bandelwurm kann meiner Meinung nach
nur ein Tausendfüßler sein.
Soll ich das Rätsel lüften? Die Lösung liegt parat.
Es ist ein Rätsel zu erraten, eins von besonderer Art.

Der Bandelwurm, beziehungsweise Tausendfüßler
ist zu Hause von uns weit.
Er kriecht und kreucht durch unsere Länder
schon seit geraumer Zeit.
Sein Weg bringt ihn von Süden her
immer weiter nur nach Norden.
Dort soll er sesshaft werden in entsprechend vielen Orten.

Die Reise von dem Tausendfüßler geht in die Geschichte ein.
Nach meiner Meinung kann dieses Etwas
nur ein „Bandelfüßler" sein.

Volle Kraft zurück

Die Geister die sie rief, die wird sie nun nicht los.
Das was ich hier geschrieben, das ist ein Gleichnis bloß.

Sie hat sie aufgescheucht in ihren Heimatländern.
Trotz Zäune, Blockaden, Straßensperren,
lässt das sich nicht mehr ändern.

Sie sind alle aufgestanden, sie sind zum großen Sprung bereit.
Sie wollen von zu Hause fort, in eine neue Zeit.
Was diese Menschen vorwärts treibt, das wär mir zu gefährlich.
Ich kann ihre Nöte nicht ermessen, das sage ich ganz ehrlich.

Was erwartet sie an Hindernissen,
wieviel Verzweiflung, wieviel Not.
Auf dem Weg zum Ziel auch das Schlimmste sie bedroht.
Neulich wollte ich mit der Bahn nach Deutschland reisen,
doch das ist jetzt nicht möglich.
Die Freiheit an den Grenzen verändert sich dort täglich.

Was nützt das Wort von Reisefreiheit,
wenn sie mir eingeschränkt.
Wenn in Berlin gehandelt wird, sowie man sich das denkt.
Die Züge stehen still, die Grenzen sind versperrt.
Vom alten Kontinent hat sich das Bild verzerrt.

Ich will nicht klagen über Peanuts, mir geht es ansonsten gut.
Um meine Meinung auszudrücken
brauch ich kein bisschen Mut.
Ich darf sagen was ich will und reisen wann ich kann.
Auch mit meiner Freiheit in der Glaubenslehre
bin ich nicht schlechter dran.

Ich esse mehr von guten Sachen, als Kalorien ich verbrauch.
Wenn das so weitergeht befürcht ich einen Bauch.
Ich wohn in einem warmen Haus und dicht ist auch mein Dach.
Mein Leben ist mir sicher, niemand trachtet mir danach.

Ich bin noch nicht senil, auch sonst bin ich gesund.
Mein Leben zu beklagen, dazu hab ich keinen Grund.
Was kümmert mich die eingeschränkte Reisefreiheit,
die hat mich kaum belastet.
Meine mir angestammten Rechte fühl ich nicht angetastet.

Wie anders ist der Flüchtling dran, wie anders ist sein Leben?
Für einen Tausch mit unseren Werten,
dafür würde er was geben.
Nun ist der Ruf erschallt, jüngst aus den deutschen Landen.
Dort hat man mit Freuden ihn vernommen,
wo sie auf Abruf standen.

Sie sind nun losgezogen, mit Schiff und Boot und Kahn.
Nicht alle die dort losgezogen, kamen drübern Wasser an.
Das Meer hat seinen Preis verlangt, Poseidon ist gefräßig.
Die Maut, die sie an Schlepper zahlten
war bestimmt nicht mäßig.

Nun ging die Reise erst richtig los, in den Norden nun hinauf.
Ihren Weg kann man bezeichnen
als einen Spieß- und Rutenlauf.
Wie aus dem Nichts standen Zäune da, wo früher freie Bahn.
Das Volk, das sich auf dem Weg befand
lief an Ungarns Zäunen an.

Mit Tränengas und Wasserwerfer
hat man sie nach Kroatien umgelenkt.
Somit war auch des Flüchtlings Reisefreiheit
entscheidend eingeschränkt.
Um diese weiter einzuschränken bemühte man sich sehr.
Zwischen Ungarn und Kroatien war das ein Hin und Her.

Europa hat einen Klotz am Bein, das fällt mir dazu ein.
Zu viele wollen zur selben Zeit in das gelobte Land hinein.
Man stellte sich erst taub und blind,
hat den Zeichen nicht vertraut.
Deshalb haben sich ob der vielen Pannen
die Massen aufgestaut.

Es nützt nicht mehr die Köpfe in den Sand zu stecken.
Zu viele Flüchtende sind unterwegs
auf Europas Durchzugsstrecken.
Dass die deutsche Kanzlerin gerufen hat war ein starkes Stück.
So wie es nun den Anschein hat
rudert sie mit voller Kraft zurück.

Doch die Geister, die sie rief, die wird sie nicht mehr los.
Diese Sicht der Dinge ist nicht nur meine Meinung bloß.

Problemlöser gesucht

Wer will die Probleme lösen, die die Welt bewegen?
Das Ozon wird immer dünner, uns quält der saure Regen.
Die Welt erstarrt in Waffen, wie kaum jemals noch zuvor.
Aus den Bunkern holt man bei Bedarf
die Raketen gleich hervor.

Die gefährlichste von allen, das ist wohl das Atom.
Die Gefahren sind real, das ist nicht ein Phantom.
Bürgerkriege, Glaubenskriege, Gewalt wohin man schaut.
Der Protest von uns, gegen diese Übel, ist viel zu wenig laut.
Flüchtlingsströme auf der Welt,
noch nie waren so viele unterwegs.
Dass sie nur den Wohlstand suchen, das ist es keineswegs.

Raubbau in den Wäldern am Amazonas schon seit Jahren.
Die Eingeborenen vertrieben, die dort sesshaft waren.
Metalle werden abgebaut, ohne Schutz für Mensch und Leben.
Was kümmert es die Aktionäre, Profite muss es geben.
Straßenkinder in den Städten, daneben High Society.
Für Gerechtigkeit auf Erden gibt es keine Garantie.

Sklavenarbeit in den Fabriken, in Bangladesch und anderswo.
Die Geknechteten sind in ihrer Not
für diese Arbeit auch noch froh.
Drogendealer wo man hinschaut, in Lateinamerika.
Dasselbe gilt auch anderswo, rund um in Afrika.

Es heißt: „Es sind alle Menschen gleich",
doch nicht vor dem Gesetz.
Justitia kann Gerechtigkeit nicht bieten mit ihrem groben Netz.
Die großen Fische fallen durch, die kleinen bleiben drinnen.
Das ist zwar hier ein Widerspruch,
doch für die gibt es kein Entrinnen.

Wer will die Probleme lösen mit ehrlichem Gewissen?
Wer sich an das Werk gemacht, der ist sogleich zerschlissen.
Der Geheimdienst agiert geheim,
denn sonst wär er nicht geheim.
Wir sind schon überzogen von seinem starken Schleim.

Mit Spitzeldienst und Überwachung
sind wir durchsichtiger als Glas.
Die Steuerschraube ist angedreht, der Fiskus bittet nicht,
er befiehlt den Aderlass.
Die Politik ist eine Hure,
hab ich anderweitig schon geschrieben.
Politiker mit Handschlagqualität sind uns versagt geblieben.

Nur wenige haben Führungsqualität,
doch die sind meist korrupt.
Als Taube hingestellt und als Geier sich entpuppt.
Wer es sich leisten kann, geht auf Jagd,
auf Robbenfell und Elfenbein.
Im Hirschgehege schießt man unter Freunden
voll Freude mittendrein.

Wer sich noch was gönnen will, erschießt auch eine Sau.
Hinterher versammelt sich die ganze Meute
bei der Trophäenschau.
Alkohol und Nikotin, dabei spricht man von Kulanz.
Eine Gewalttat ab und zu, das macht die Runde ganz.

Auftragsmörder, Diktatoren sind nur ein Steinchen im Gefüge,
denn solche von der Sorte die gibt es zur Genüge.
Immer öfter hört man heute von häuslicher Gewalt.
Strebsamkeit und Fleiß allein macht sich kaum bezahlt.

Wer will die Probleme lösen, bist du dazu bereit?
Dazu bräuchtest du den stärksten Willen
in dieser schlimmen Zeit.
Doch was nützt allein dein guter Wille
wenn sich dein Umfeld nicht beteiligt?
Du wirst damit nicht viel erreichen,
auch dann nicht wenn der Zweck die Mittel heiligt.

So scheiden sich die Geister

Der eine sprüht vor Übermut,
der andere findet gar nichts gut.
Des einen Freud -- des andern Hass,
das Boot ist voll – wir schaffen das.

Asylanten raus – macht auf die Tür,
lasst sie herein – zu viele hier.
Baut Zäune auf – reißt sie doch nieder,
bringt Marschmusik – singt frohe Lieder.

Nur betteln ohne Unterlass – ich spende gern für Caritas.
Sind alle arm – zu wenig Mut,
wir brauchen längst schon frisches Blut.
Das sind alle nur Verbrecher – auf unsere Kosten Zecher.

Zu viel von dem ist nicht gesund
und Allah steht im Hintergrund.
Der Muezzin verkündet schon, dass Mohamed ist Religion.
Die Grenzen dicht – lasst sie doch rein,
es ist zu spät, hört man schon schrein.

Nur helle Farbe im Gesicht, eine andere Farbe will ich nicht.
Ersäuft sie doch im Mittelmeer, sonst kommen viel zu viele her.
Welches Elend, welche Not, rettet sie vom Flüchtlingsboot.
Sie fressen unsere Nahrung auf – wir haben Überfluss zu Hauf.

So mancher hier verhungert schon,
er schindet sich zum Hungerlohn,
doch denen aus der anderen Welt
wird reingesteckt das Steuergeld.
Am Arbeitsmarkt sind sie die Plag –
sie tun nur das, was niemand mag.

Das Gesindel nimmt schon überhand –
genügend Platz in unserem Land.
Man sieht sie schon auf Schritt und Tritt.
Der Pascha bringt den Harem mit.
Die Menschen sind mir alle gleich,
auch wenn sie nicht aus Österreich.

So scheiden sich die Geister, ich kenn mich nicht mehr aus.
Ich leg mich hin – die Ärmel hoch,
Verzweiflung tief – zum Jauchzen doch.
Weltuntergang und neue Zeit, so ist sie die Empfindsamkeit.

Nun sind sie einmal hier

Ich bin offen für alles Fremde, ich fürchte mich nicht davor.
Auch habe ich für deren Sorgen auch meist ein offenes Ohr.
Ängste und Befürchtungen gegen jene hab ich nicht aufgebaut.
Ich hab auch schon in Flüchtlingslagern
mit Bangen reingeschaut.

Angst kommt nicht vom Menschen,
sie kommt nur von der Masse.
Was ich gesehen und gehört, in Worten es nicht fasse.
Wie eine Herde treibt man sie, zwar gebührend ihrer Würde,
doch allein der Umstand eines Flüchtlings ist eine große Bürde.

Ich hab in Gesichter hineingesehen, in Augen voll Erwarten.
Der Flüchtling hat als Neuankömmling
auch bei uns schlechte Karten.
Mütter habe ich gesehen, mit vier Kindern an der Hand.
Sie alle suchen neues Leben in meinem Heimatland.

Wird es das ihre einmal werden? Ein Zweifel liegt mir fern.
Doch viele meiner Mitbewohner
sehen fremde Menschen nicht so gern.
Die machen dann mit viel Geschrei mit Parolen aufmerksam:
„ Wir sind das Volk, die Grenzen dicht“
und noch anderen solchen Kram.

Die solches von sich geben, denen geht es meistens gut,
sie waren nie noch auf der Flucht.
Haben nie in fremden Ländern neue Heimat sich gesucht.
Ein Zaun soll sie nun trennen, die Bösen von den Guten.
Wer hier wohl gut, wer böse ist, lässt sich allzu leicht vermuten.

Ich weiß ich mach mich angreifbar wenn solches ich erkläre,
doch wie wäre unsere Welt gestaltet
wenn Unrecht Recht nun wäre?
Ich hab in Lager hineingesehen,
war mit Flüchtlingen auf der Reise.
Wir haben uns auch unterhalten,
ein jeder wohl auf seine Weise.

Der Flüchtling ist für mich ein Mensch wie du und ich und wir.
Ich kann es auch nicht ändern, nun sind sie einmal hier.

Meine Stimme ist zu leis

Wir sehen täglich Not und Elend, das prägen wir uns ein.
Wir wissen aus Erfahrung, das wird nie zu Ende sein.
Das Menschenrecht tritt man mit Füßen, anderswo und hier.
Wir müssten laut um Hilfe schreien,
doch beharrlich schweigen wir.

Nicht helfen und nicht hören, nichts reden und nichts sehen.
Wir sind zu feig und zu bequem, um dagegen aufzustehen.
Die Augen zu, die Ohren zu, das Gewissen kaltgestellt.
Es ist wohl eine kalte Welt wo die Nächstenliebe fehlt.

Kommt heraus aus euren Schneckenhäusern
und schaut was hier passiert.
Wer sagt:„ Das ist nicht mein Problem“,
der hat sich schlicht geirrt.

Das Elend geht uns alle an, auch den, der das nicht glaubt,
denn durch die Armut anderer
hat er seinen Wohlstand hochgeschraubt.

Wer sagt:„ Die sind doch selber schuld
an der Armut ihres Seins.
Ich hab gerackert und geschuftet, nun ist das alles meins.
Wer arm ist hat sich dran gewöhnt, was anderes kennt er nicht.
Ihn daraus hervor zu helfen, das ist nicht meine Pflicht."

Wer sich so festgelegt, der liegt nicht gut genug.
Der übt an der Menschlichkeit hartnäckig den Betrug.
Der hält an seinem Wohlstand fest,
an seiner Ernte reicher Garben.
Den Armen vor der Haustür sieht er nicht,
der soll dort weiter darben.

Wo Unrecht wird oft praktiziert, dass es zum Himmel schreit,
dort gedeiht vortrefflich gut die Ungerechtigkeit.
Das Recht wird außer Kraft gesetzt, es herrscht die Anarchie.
„Was sagen die Betroffenen", das fragt man sich dort nie.

Diktatoren schaffen an, was ihnen hilft und nützt.
Die Menschlichkeit, die Menschenwürde
ist nicht mehr geschützt.
Hier nützt nicht mehr ein einziger Schrei,
das ist ein Staubkorn nur im Wind.
Ein Volk muss sich erheben,
dass die Schreie wie Tornados wirksam sind.

Wer steht nun auf und schreit mit mir?
Meine Stimme ist zu leis.
Dass viele Stimmen lauter sind, das gilt schon als Beweis.

Dass viele Stimmen Wirkung zeigen das war schon oft der Fall.
Wir müssen immer wieder schreien, nicht nur das eine Mal.

Amerika

Amerika, Amerika was ist dein Aufbegehren?
hast du denn nicht schon Macht genug,
soll dir die Welt gehören?
Was treibt dich so in andere Länder,
warum zerrüttest du die Völker,
hast du nicht selber Volk genug?
Dein Machtgehabe setzt sich zusammen
aus Zwietracht und Betrug.

Du machst die Völker untertan, dein Sinnen ist Gewalt.
Dein Streben nach mehr Macht und Reichtum
macht auch vor dem ärmsten Land nicht halt.
So lang noch was im Boden liegt,
woraus man Reichtum schöpft,
so lang wird auch noch jenes Volk von dir noch abgekröpft.

Amerika, Amerika wo ist denn dein Gewissen?
Wenn du dein Gewissen rufst, so wirst du es vermissen.
Die Erde brodelt unter dir, dein Reichtum ist geliehen.
Was du anderen Völkern angetan, hat man dir nicht verziehen.
Was du „Frieden bringen" nennst das erzeugt dort Apathie.
Die Länder, die du schon befriedet hast, sind zu deiner Kolonie.

Amerika, Amerika wo ist dein Sinn für Recht?
Die Völker die du mit deinem Recht beehrst
die ergeht es meistens schlecht.
Es war schon immer dein Bestreben, sie an dich anzuketten.
Die Regierenden die dort eingesetzt, die sind nur Marionetten.

Amerika, Amerika dich regiert die Waffenlobby,
sie hält dich fest im Zaum.
Der Präsident, der diesen Namen trägt,
regiert dein Volk wohl kaum.
Du spielst den Retter in der Not.
Wo du auftrittst und errettet dort herrscht nur Angst und Tod.
Erst zündelst du, so dass Feuer brennt,
keine Rettung gibt es mehr,
dann machst du dich auf groß
und spielst wie oft auch noch die Feuerwehr.

Amerika, Amerika wo sind deine Werte?
Du zeigst deinen armen Menschen eine viel zu große Härte.
Wer nichts besitzt, dem hilfst du nicht,
nur der Reiche bringt was ein.
Die Gleichheit unter deinen Menschen
die gilt nur so zum Schein.

Du produziert mehr als du brauchst,
produzierst noch immer mehr,
doch in Sachen Umweltschutz hinkst du weit hinter her.
Du stellst dich nicht zu dem Problem,
du sagst:„ Das gibt es nicht,
die eigene Wirtschaft noch zu schwächen
das ist nicht meine Pflicht.“

Amerika, Amerika wo führt dein Weg nur hin?
In deiner Handlungsweise ist keine Zukunft drin.
Das Beispiel zeigt was die Regel ist,
wie Kulturen auch vergehen.
Wie du heute handelst, so wird wie mit vergangenen Kulturen,
mit dir auch einst geschehen.

Der Zaun in unseren Köpfen

Wenn niemand sich um niemand schert
dann läuft die Welt bislang verkehrt.
Der Nachbar sitzt dort hinterm Zaun,
der ist zu hoch zum drüber schaun.
Ich denk, er ist schon ganz verdrossen,
denn er hat sich selber eingeschlossen.

Wenn der den Zaun sein eigen nennt, möcht ich es ebenso.
Bevor mein eigener Zaun nicht steht, bin ich derweil nicht froh.
Mein eigener Zaun ist aufgerichtet, nun steht da Zaun an Zaun.
Mein eigener Zaun ist genauso hoch,
da kann niemand drüber schaun.

Was doppelt hält, ist doppelt gut, so nehme ich es an.
An meinem Zaun, an seinem Zaun, hab Freude ich daran.
Der Zaun ist dicht, er ist stabil, er schützt mein Eigentum.
Doch wenn hier zwei Zäune stehen,
dann fragt man mich: warum?

Zwei Zäune stehen da, wo keiner nützt,
man hält mich wohl für dumm
Eine Antwort auf die Frage, ich komm nicht darum herum.
„Gleiches Recht für alle! Hat er den Zaun, will ich den Zaun.
Hat er mich ausgesperrt, soll er nicht drüber schaun!"

„ Jedes Haus hat einen Zaun",
so hab ich es vor kurzem erst gehört.
„ Ein Zaun mit einem Gartentürl hat niemand noch gestört!"
Einen Zaun um jedes Haus, man fühlt sich sicher drinnen,
das meinen die Minister und die Ministerinnen.

Was Ungarn hat, will ich auch haben,
das kann so schlecht nicht sein.
Dann kommen viele von den Fremden
erst gar nicht zu uns rein.
Wir haben Zäune aufgebaut seit Jahr und Tag und Ewigkeiten.
Was ein Zaun an Gutes hat, darüber kann man streiten.

Wenn heut noch Zäune in unseren Köpfen sind
dann kann man leicht verstehen
dass sich bei den Politikern die Diskussionen
nur um die Zäune drehen.

Srebrenica

Heut bin ich einmal gut gelaunt,
die Sonne hat mich wachgeküsst.
Seit ein paar Tagen hab ich gute Laune,
ich hab den Frohsinn nicht vermisst.

Ich freu mich schon auf nächsten Sommer,
wenn der Urlaub näher rückt.
Im letzten Urlaub das Erlebnis macht mich noch ganz verzückt.
Mein Gott wie war die Zeit so schön, heut zehr ich noch davon.
Das war für lange schwere Arbeit darauf der gute Lohn.

Ich schlendere durch mein Bücherreich,
da fühl ich mich immer wohl.
Dort lagern Tausende davon, von grausam bis frivol.
Mein Blick fällt auf einen Band,
am Umschlag steht „Srebrenica" drauf.
Einen kurzen Blick hineinzuwerfen nehme ich in Kauf.
Ich bin gefesselt, bin geschockt, mich packt das reine Grauen.
Mir ist die Lust vergangen noch weiter rein zu schauen.

Das Wort hab ich schon lang gespeichert,
doch lag es ganz verborgen.
Dass ich das Wort vergessen könnte?
Nicht heute und nicht morgen!
Ich trug das Wort mit mir herum,
auf meinen Schultern lag es schwer.
Dass das Massaker an besagtem Ort geschehen ist,
ist zwanzig Jahre her.

Meine Laune ist im Keller, der Tag ist trüb und grau.
Auf die morgendliche Stimmung ich heut nicht mehr vertrau.
Den Ort hab ich gespeichert wie das Trinken und das Essen.
Nie werde ich die Horrormeldung von damals je vergessen.

Achttausend Namen stehen da, wie oft schon mitgeteilt.
Ihre Leichen liegen heute noch in Massengräbern unterteilt.
Achttausend mussten sterben,
wurden systematisch hingerichtet.
Gruben wurden ausgehoben und die Leichen reingeschichtet.

Ich erzähl es so, wie ich gelesen, so wie es sich begab.
Sie gruben selbst in Todesängsten, verzweifelt noch ihr Grab.
Leichen rein und Kalk darüber, so ging es Schicht um Schicht.
Diese Bluttat hat dann aufgerollt,
das internationale Strafgericht.

Wer hat wen getötet? Das sag ich als „Christ“ nicht gern.
Das wird so mancher „gute Christ“ nicht gar so gerne hörn.
Der Christ hat auf den Hahn gedrückt,
was hat er sich dabei gedacht?
Er hat den Moslem, unbewaffnet, kaltblütig umgebracht.

Wer hat die Täter so gedrillt, dass sie zu Bestien geworden?
Ihr Tatbereich war seinerzeit nur quälen, rauben, morden.

Die Welt hat damals zugesehen, genau wusste sie Bescheid.
Heute sagen die, die es nicht verhindert haben,
nicht einmal: „Es tut mir leid!“

Ich bin zutiefst betroffen, was der Mensch zuwege bringt.
„Edel ist der Mensch“, das wie ein Hohn nur klingt.
Ich war heute gut gelaunt
doch der Zustand hat nicht lang gewährt,
denn in ein paar Jahren ist in Srebrenica
das Massaker gleich verjährt.

Die Täter leben weiter, die sind jünger noch als ich.
Wenn ich das Bild vom Ratko Mladic sehe,
gibt es mir einen Stich.
Justitia hat kurze Arme, manchmal sind sie amputiert,
so dass man an die Gerechtigkeit den Glauben dran verliert.

Wie soll ich heute lachen? Die Welt ist voll von Grauen.
Ich muss nicht mal zu meinen Büchern gehen,
ich brauch gar nicht reinzuschauen.

Der mündige Bürger

Das ist die Welt von Hinz und Kunz, zehn Meter zum Quadrat.
Er sieht nicht in die Welt hinaus, weil er es nicht nötig hat.
In seiner Welt im zehnten Stock ist alles schön vorhanden.
Es treibt ihn nichts nach außen hin, nichts in die fernen Landen.

Was er wissen muss, bringt ihm die Zeitung,
die liest er ganz genau.
Was hier noch fehlt an Wissenswertes vermittelt das TV.
Eine eigene Meinung braucht er nicht, die wird ihm vorgegeben.
Das ist für ihn sein Lebenslauf und sein beschaulich Leben.

Er schreit wenn ihn die Medien dazu ermuntern,
haut auf den Tisch bei sich zu Haus.
Sein Blick geht vom Balkon weit in die Welt hinaus.
Er ist ein mündiger Bürger, sowas will die Politik.
Da fürchtet sie nicht Opposition, schon gar nicht die Kritik.

Kommt von wo ein Flüchtlingsstrom,
schaut er in die Zeitung rein.
Wen er darüber Negatives findet, darf er auch lauthals schrein.
Der Flüchtlingsstrom bedroht sein Leben,
droben weit im zehnten Stock,
denn ihm ist auch sein Hemd noch lieber
als des Flüchtlings Überrock.

Stellt sich die Ministerin vors Mikrofon
und sagt: „Wir brauchen einen Zaun",
ist er ebenfalls der Meinung,
denn dem Flüchtling kann man nicht vertraun.
Wenn man sie sieht in den Berichten,
wie sie schreien, wie sie toben,
da hat er auch die selbe Meinung, die muss er einfach loben.

„Wir sind das Volk, die Grenzen dicht, " das hört er gar so gern.
Doch selber schauen, selber helfen, dazu ist er viel zu fern.
Im zehnten Stock in seiner Welt sitzt er in Quarantäne.
Bei ihm wird nicht gehobelt, da fallen keine Späne.

Doch wenn die Zeitung schreibt und ruft das Radio,
dann fasst er seine Meinung aus, dann ist er wieder froh.

Das Problem

Ich versteh das Für und Wider, ich bin selbst darin gefangen.
Das Problem des Flüchtlingsstroms
erfüllt mich auch mit Bangen.
Ich gebe jenen recht die dagegen sich empören,
doch wiederum muss ich auf hilfsbereite Menschen hören.

Wo ist ein Mittelweg? Ich versuch da Licht hinein zu bringen.
Doch wenn ich beide Gruppen höre, will es mir nicht gelingen.
Ich gebe zu, es läuft vieles schief, mir graut auch oft davor.
Auch wenn ich täglich schreibe, bin ich nicht klüger als zuvor.

Die Themen sind gar weit gestreut, der Topf ist übervoll.
Ich weiß oft nicht, was ich schreiben darf
und was ich gar nicht soll.
Ich versuch mich auch zurechtzufinden
in dem Gewirr von Worten
die da auf mich strömen von allzu vielen Orten.

Ich bin nicht hie, ich bin nicht da, ich versuche aufzuwiegen
und versuche Regeln einzuhalten um diese nicht zu biegen.
Der Fremde ist halt ein Problem, eine Welle schwappt ihn her.
Die Politik hat so bestimmt, als sie sagte: „bitte sehr!“

Was soll ich dazu sagen? Kein Mensch hört heut auf mich.
Dass das Problem jetzt überläuft, das ist es sicherlich.
Wenn ich heute A verlaute und morgen sag ich B,
dann soll das gar nicht heißen ich bin darüber froh, juchhe!

Jedes Ding hat der Seiten zwei, manches sogar mehr.
Ein Beispiel ist die Kanzlerin, als sie sagte: „Kommet alle her!“

Der eine verdient, dass man ihm hilft, der andere ist ein Gfrast,
der sägt auch noch an der Gesellschaft, an deren dürren Ast.

Wer schaut in die Menschen rein, ob sie gut sind oder bös?
Allein der Umstand meines Unvermögens
macht mich sehr nervös.
Ich würd gern allen recht es machen,
doch das geht nur von Fall zu Fall.
Ich bekomm dafür auch schlechte Noten, zurzeit von überall.

Das Schreiben ist mir ein Bedürfnis, mich füllt es sichtlich aus.
Ich ziehe auch aus der Kritik meine Lehren noch daraus.
Das Problem, das ich jetzt angerissen, das gilt es zu entfernen.
Doch wie soll unsereins das machen?
Das steht noch in den Sternen.

Wenn die großen Kapazunder sich hier nicht einig sind,
sich die Lösung selbst verbauen,
dann müssen wohl wir kleinen Leute
nur auf uns selber schauen.

Afrika

Afrika macht sich bereit. „Hallo, hallo wir kommen
Wir hoffen, wir werden wie alle anderen
auch herzlich aufgenommen.
Wir sind eine große Gruppe, eine Million wird es wohl sein.
Wir steigen schon in den nächsten Tagen ins Mittelmeer hinein.

Wenn wir in Italien sind, beginnt das süße Leben,
denn Essen, Trinken, Unterkunft,
wird man uns dort geben.

Afrika ist nichts für uns, Europa dagegen sehr,
deshalb sind wir schon auf dem Weg über das Mittelmeer.

Die schwarze Farbe im Gesicht ist kein Hindernis.
In Europa gibt es keinen Rassenhass, das ist uns auch gewiss.
Wir wollen alle nach Europa, weil dort Milch und Honig fließen.
In Afrika ist nichts davon, jetzt wollen wir genießen.

Die Zeit ist gut, die Tage warm, wir sind dazu bereit.
Wir brechen auf ins Abendland, in eine neue Zeit.
Wer schneller schwimmt, ist schneller dort,
in jener Stadt, in jenem Ort, im Land das uns verheißen.
Alles Weitere wird die Zukunft bringen,
es wird sich etwas weisen."

Wer schneller rennt ist schneller dort,
auf, auf, ihr Brüder, Schwestern.
Morgen fängt die Zukunft an, Afrika war gestern.

Bei uns ist alles anders

In unserem Land ist alles anders, wir sind das schon gewöhnt.
Doch hinter vorgehaltener Hand man uns schon leis verhöhnt.
Die Abfangjäger stehn herum, denn der Sprit ist viel zu teuer.
Dass man sie einmal angeschafft, das find ich ungeheuer.

Es käme bestimmt viel günstiger, man hätte sie geliehen,
doch gibt es immer welche die Nutzen daraus ziehen.
Bestimmt hat ein braver Bürgersmann
sein Händchen aufgehalten.
In unserem Staatsgefüge gibt es genug von den Gestalten.

Ich nehm mal an, was nicht wird sein,
nun diesen schlimmen Fall.
Gefahr, Gefahr, der Feind ist da, schon Feinde überall.
Wer schützt dann unsere Grenzen,
wer den Luftraum überwacht?
Die Soldaten stehen schon seit Stunden
im Kasernenhof „Habt Acht"!

Bis dann das Werkel läuft geht es nicht ganz so schnell,
denn von der Ministerin für Inneres fehlt zum Angriff der Befehl.
Dort gibt es die Verzögerung,
denn es gibt Parteienstreitigkeiten
und ohne richtige Kompetenz
kann sie den Befehl nicht weiterleiten.

Das Heer marschiert schon aufgeregt im Kasernenhof umher.
Mittlerweile kommen von den Feinden
schon stündlich immer mehr.
Es ist zu spät für den Befehl, der Feind regiert das Land.
Endlich kommen die Minister
mit der weißen Fahne in der Hand.

Was ich hier schrieb das ist Fiktion,
Gott sei Dank hab ich geirrt.
Doch neulich waren die Politiker ganz ähnlich stark verwirrt.
Der Flüchtlingsstrom kam übers Land,
die Grenzen waren offen.
„Wir waren darauf nicht vorbereitet", sagten sie betroffen.

Für was gibt es die modernen Medien
mit ihrer unbegrenzten Macht?
Als man so überrumpelt wurde, was hat man sich gedacht?
Heute knacken Kinder schon den Geheimcode der Konzerne.
Mit Hilfe der Satelliten sieht man in jede Ferne.

Ein Massensturm war auf dem Weg,
doch die sehen sollten, waren blind.
Sie waren wohl so ahnungslos,
wie jene, die nicht sehen wollten, sind.
Uns nützt auch nicht der schnellste Jäger
wenn am Boden er verrostet.
Ich stelle nun das Resümee, der hat zu viel gekostet.

Lieber Leser, ihr könnt beruhigt schlafen gehen,
denn bei uns braucht alles Zeit.
Bei uns wird nur zu zweit regiert, doch gestritten auch zu zweit,

Hasenohr und Lampelschweif

Wer Angst vermittelt seinem Volk, der treibt ein böses Spiel.
Angst gibt es genug im Volk, wohl eher schon zu viel.
Wenn vorne steht ein Zappelphilip,
wie soll man dem vertrauen?
Wie soll man, wenn es brenzlig wird,
auf seine Führungsstärke bauen?

Hat jener, dem man trauen sollte,
nun Angst vor jenes oder dies,
wie soll ein Volk er sicher führen? Das ist äußerst ungewiss.
Die Angst die er dem Volk vermittelt, pflanzt sich weiter fort.
Die läuft wie eine Schlammlawine bis in den kleinsten Ort.

An der Spitze ist nicht Schluss,
es agiert noch weitaus dreister
in mancher Stadt, in manchem Dorf,
so mancher Bürgermeister.

Wer vorne steht und lauthals schreit:
„ Man kann nicht sicher sein!“
Der pflanzt in jedem Bürger die Angst ins Herz hinein.

Wenn durch seine Ängstlichkeit die Gemüter sich erhitzen,
dann ist für die Angst die beste Zeit, sie dringt durch alle Ritzen.
Sobald das Volk es merkt, der kennt sich nicht mehr aus,
dann schleicht bei der Bevölkerung
die Angst schon rund ums Haus.

Gerade stehen, Wortbruch meiden,
ist bestimmt kein Honiglecken,
doch andererseits vermittelt er mit seiner Ängstlichkeit
auch anderen Angst und Schrecken.
Stellt sich einer vorne hin, nur deshalb weil er muss,
dann ist er bestimmt kein großer Held, viel mehr ein Hasenfuß.

Manchem Volk steht oft davor ein langes Hasenohr
und wenn er zittert wie ein Lampelschweif,
dann ist er schon zum Rücktritt reif.
Mancher ist auch übereifrig
und schießt auf Spatzen mit Kanonen,
doch vor jedem Fliegenschiss will er sich selber schonen.

Zum Helden kann man nicht erzogen werden,
die wachsen nicht am Feld.
Auch wenn er im Zorro Outfit steckt
ist er trotzdem noch kein Held.
Helden die sind still und leise, sie wollen nichts verlauten.
Sie werken brav im Hintergrund, sie wollen sich nicht outen.

Doch wer vorne steht und Angst vermittelt,
statt Hilfe zu verteilen, der sollte ehrlich zu sich selber sein
und zum Rücktritt sich beeilen.

Die Saat

Die Saat ist aufgegangen, sie treibt gar giftige Blüten.
Diese noch zu hegen, davor sollte man sich hüten.
Die Mächte haben ausgesät, über Jahrzehnte hin und mehr.
Jetzt kommen schon die Früchte aus dieser Saat daher.

Wie hat man Völker dort behandelt, sie besudelt nur mit Blut.
Was der Westen dort hat ausgesät, war kaum noch jemals gut.
Die Völker wurden ausgeplündert, zerbombt und inhaftiert.
Die Täter waren rücksichtslos, von niemand kontrolliert.

Was von den Völkern übrig blieb, war weniger als nichts.
Kaum Überlebenschancen blieben ihnen, der Nöte angesichts.
Wenn wundert es, wenn sich Hass gebildet,
auf den der Hass verbreitet.
Dort hat man sich im Untergrund auf Vergeltung vorbereitet.

Vergeltung schreien die nun, die man unterdrückt.
Sie sind nun mit demselben Hass nach Europa vorgerückt.
Wer kann es sich verdenken, wenn Hass nur Hass erzeugt?
Wenn der, der einst geschunden wurde,
nun seine Knie nicht beugt.

Hunderttausend sind gestorben als der Westen einmarschiert.
Der hat dort ohne Rücksicht die Menschen bombardiert.
Was heut passiert ist grauenhaft, in Paris und anderswo.
Wenn ich das so benennen sollte: „Die Welt brennt lichterloh.“

Doch wer hat gezündelt dort, die Angst der Menschen ignoriert?
Die heut den Hass zu uns verfrachten,
haben Hass nur inhaliert.

Wer hat sie stark gemacht, die heut so grausam morden?
Wer hat nicht hingesehen, als sie mächtig sind geworden?

Es war politisches Kalkül, wie vom Westen praktiziert.
Wer diese Wahrheit nicht durchschaut, der heute fantasiert.
Sie haben Hass gesät, nun ist die Saat zu groß.
Die wird man mit vereinten Kräften
auch so schnell nicht wieder los.

Aug um Aug

Aug um Aug und Zahn um Zahn
ist von der Menschheit die Devise.
Doch ohne diese Regel, es sich besser leben ließe.
Der Bauer tritt den Hund, als dieser noch ganz klein.
Der Hund denkt sich in seinem Schmerz:
„ Bald werd ich größer sein."

Der Bauer ist ein Bösewicht, dem Hund ergeht es schlecht.
Der Hund denkt wiederum: „Das ist nicht ganz gerecht.
Wenn ich erst groß und stark bin, ist mir die Kraft zu eigen,
dann werd ich diesem Bösewicht meine Zähne öfter zeigen".

Der Bauer ist heut so in Wut, der Hund muss es nun büßen.
Der Bauer schlägt ihn mit dem Knüppel
und tritt ihn mit den Füßen.
Da rafft sich auf die Kreatur und fasst ihn an die Waden.
Der Hund, der so viel hat erduldet, hat jetzt auch Wut geladen.

Seine Zähne fassen höllisch zu, der Bauer ist perplex.
„ Was hat denn heut der Schweinehund,
was hat denn heut der Rex?

Was hat nun mal der böse Hund, das bin ich nicht gewohnt".
Der Hund denkt sich:„ Das ist für dich,
du hast mich nicht geschont".

Den Bauern packt die Wut, er ist ganz außer sich.
„Jetzt schlag ich dich erst kurz und klein,
dann sperr ich in den Käfig dich!"
So ist das mit der alten Regel, die ist ein böser Wahn.
Darin hat es schlicht gelautet: Aug um Aug und Zahn um Zahn.

Jetzt schau ich in die Welt hinaus,
zum Verzweifeln hab ich Grund,
denn dort wird meistens angewandt,
das Gleichnis vom Bauern und vom Hund.
Dort tritt man auf die Schwachen ein,
die können sich nicht wehren.
Die Krisenherde zählt man kaum, die täglich sich vermehren.

Wenn der Schwache einmal stärker wird,
dann kommt für ihn die Zeit.
Dann packt er seine Waffen aus, dann ist Vergeltungszeit.
Die Spirale fängt sich an zu drehen,
auf Vergeltung folgt die Strafe.
Wer ist nun in diesem Fall der Böse, wer der Brave?

Dass das Spiel zu keinem Ende führt, das ist wohl jedem klar.
Weil dies schon in der Vorgeschichte genau so sinnlos war.
Meist hat man so gehandelt, hat rückwärts nur geschaut.
Auch heute noch die Menschheit auf Altbewährtes baut.

Schon wieder sind an vielen Orten die Kriege aufgeflammt.
Die Menschheit ist zu Aug um Aug
und Zahn um Zahn verdammt.

Denn Aug um Aug und Zahn um Zahn,
so wie es mancher kennt,
steht festgeschrieben im Buch der Bücher, im Alten Testament.

Gegen Heiden und Barbaren

„Zusammenstehen Kopf an Kopf wie eine starke Front.
Die zivilisierte Welt gegen die Barbaren“,
hat John Kerry jüngst betont.
„Auf, auf zum Kampf, der zivilisierten Welt
gegen Heiden und Barbaren,
mit unserer modernen Waffentechnik.
Wir vernichten sie in Scharen.“

Dass dabei auch Zivilisten sterben, das ist zwar meist fatal,
doch diese Schäden werden abgetan, die sind kollateral.
Während dort im Nahen Osten
die Bomber ihre Runden drehen,
wird man am Boden die „Barbaren“ verzweifelt hilflos sehen.

Wer zählt die Toten, wer die Schäden, wer ist dazu berechtigt?
Die Bomben welche aus dem Flieger fallen
sind zu übermächtig.
Jene die glauben dort im Recht zu sein, sind es beileibe nicht.
Weil man mit dem Recht der Stärkeren dort alle Regeln bricht.

Ob Frankreich, ob Amerika, jeder glaubt sich hier im Recht.
Das was sie von sich geben,
bekommt der Menschheit schlecht.
„Dass wir nur unser Recht verfolgen, wer soll uns das verübeln?
Der Stärkere hat immer Recht,
man muss nicht darüber grübeln.“

Verhältnismäßig will man vorgehn,
doch wo steht das Regelwerk dazu?
Das kann nicht ich bestimmen
und wahrscheinlich auch nicht du.
Das Regelwerk bestimmt der Starke
mit Bomben und mit Feuerstrahl.
Es werden viel zu viele Menschen sterben,
eine viel zu große Zahl.

Was ist verhältnismäßig, angesichts der Bomben und Granaten,
wo ist das Schiedsgericht?
Der Westen tritt zwar als Richter auf,
doch gerecht ist er wohl nicht.
Ich bin auch gegen Terrorismus,
doch versuch ich zu verstehen,
warum so viele Menschen ihre Zukunft
nur mehr im Terror sehen?

Im Nahen Osten herrscht Gewalt, so lang man denken kann,
er ist ein Pulverfass.
Dort hat Jesus die Liebe einst gepredigt,
trotzdem kennt man dort nur Hass.
Die Vermutung liegt hier nahe
dass die Religionen hier bestimmen,
jede will die Beste sein, doch keine kann gewinnen.

Die Religion dient hier als Rückhalt für Tun und Unterlassung,
Der Glaube wird dort ausgelegt, in des jeden seiner Fassung.
Ein früherer Präsident in Übersee, das klingt jetzt fast wie Spott,
hat stets gesagt, wenn er hat den Krieg erklärt:
„So wahr mir helfe Gott!“
Jetzt ist schon wieder Krieg, Zivilisierte gegen Heiden.
Das Volk, das es zu spüren kriegt,
das kann man nicht beneiden.

Der Schlachtruf auf des Westens Seite
tönt laut schon durch das All:
„Wir werden keine Gnade walten lassen,
nein, nein auf keinen Fall.

Auf, auf zum Kampf der zivilisierten Welt
gegen Heiden und Barbaren.
Wir haben Gott auf unserer Seite,
wir vernichten sie in Scharen!“

Der geschlossene Kreis

Jahrzehnte hat man sie beliefert
mit dem gesamten Waffenarsenal.
Woher die Waffen stammen, das weiß man überall.
Jetzt ist Feuer auf dem Dach, sie sind zu stark geworden.
Jene, die keine Hemmung kennen und die bestialisch morden.

Deutschland, England, Frankreich, nicht zuletzt Amerika,
die sogenannte westliche Welt, zur Gänze fast beinah.
Alle sind sie stets bemüht, dass man da nicht verschläft,
denn alle machen dort im Nahen Osten
ihr schmutziges Geschäft.

Wie kann man den IS besiegen, stellen sie die Frage.
Ich wüsst` darauf die Antwort, gelöst wär schnell die Plage.
Keine Waffen mehr in das Gebiet, keine mehr nach irgendwo.
Das biedere Volk, das arme Volk, das wär am meisten froh.

Da sagt ein Deutscher in Amt und Würden,
sein Name hat Gewicht.
Ob er auch weiß was er gesagt, das glaube ich wohl nicht.
„ Waffen an die Saudis, das bedingt das Gleichgewicht!“

Das schlägt dem Fass den Boden raus,
was Dümmeres hört ich nicht.
Der will ein Feuer löschen, in dem er Öl nachschüttet!
Wer das Modell für gut befindet, der ist im Kopf zerrüttet.
Mit Waffen kann man Geld verdienen,
wohlweislich nur im Krieg.
Doch der soll über Jahre dauern, nur ja kein schneller Sieg.

Die Waffenlobby zieht die Fäden,
sie hat alle Trümpfe in der Hand.
Von Zeit zu Zeit gehört vernichtet der unnütze Altbestand.
Ihr Geschäftserfolg ist einfach:
„Genug Munition auf beiden Seiten."
Da kann man ruhig zusehen, wie sich die anderen streiten.

„ Die sollen sich auf die Schädel hauen",
denkt sich der Mann in Übersee.
Doch mit immer neuen Waffen sind sie stark
bis hin zum Jahre Schnee.
Wo anders kann er Krieg ertragen, nur nicht bei sich zu Haus.
Ein eigener Toter vielfach schmerzt, so sieht die Sache aus.

Jetzt geht man hin und bekämpft die Bande,
denn Ordnung muss wohl sein.
Man schießt mit vollen Rohren ins Feindesland hinein.
Dort trifft man auf Bekannte, das sind die eigenen Waffen,
die man dem Feind geliefert hat.
Wie ist das nun zu schaffen?

Dass das Feuer nicht verlöscht,
gießt man hinterrücks noch Öl hinein ins Feuer.
Alle brauchen neue Waffen und Waffen die sind teuer,
So schließt sich schön der Kreis, für jene die gewinnen.
Jetzt kann man mit der Produktion von Waffen neu beginnen.

Berechtigte Angst

Die Angst geht um in Wald und Flur,
der Flüchtling ist dran schuld.
„Macht endlich mal die Grenzen dicht“,
sagen viele schon und das voller Ungeduld.
Deine Angst ist unbegründet,
denn der Flüchtling fürchtet sich viel mehr.
Er hat sein Heim verloren und kommt von weit, weit her.

Die Angst ist nicht berechtigt
vor denen die selber ängstlich sind.
Die nur eine Bleibe suchen für sich selber, Frau und Kind.
Wo er einst gelebt, sind die Banden nun zerrissen.
Er ist bei uns, im fremden Land, auf Hilfe angewiesen.

Frag ihn wovor er flüchtet, wovon er weggerannt,
warum er nicht mehr bleiben kann in seinem Heimatland.
Wahrscheinlich wird dann vieles klarer, was früher dunkel war
und deine Angst hat sich verflüchtigt
vor dieser Flüchtlingsschar.

Angst ist schon berechtigt, doch nur vor der hohen Politik.
Dagegen hilft nicht Aufbegehren und auch nicht die Kritik.
Was Ost und West dort ausgehandelt
steht außerhalb vom Recht.
Verlierer ist das Volk, deshalb ergeht es ihm so schlecht.

Wer das Völkerrecht nicht anerkennt
und die Würde tritt mit Füßen,
der wird, falls es Gerechtigkeit doch gibt,
dafür auch einmal büßen.
Sie stellen dort die Weichen für Krieg und Not und Mord
und sagen „Frieden sichern“, doch Unheil ist das Wort.

Sie lassen Bomben nieder, wo früher war Kultur.
Was übrig bleibt ist Not und Elend, Schutt und Asche nur.
Für die, die „Frieden sichern" wollen,
sind die Grenzen weit gesteckt.
Angst muss man vor denen haben, die solches ausgeheckt.

Die Angst geht um in Wald und Flur,
die Angst drückt auch auf mich.
Doch nicht vor dem Flüchtling hab ich Angst,
das behaupt ich sicherlich.
Die Angst die ich verspüre und das täglich immer mehr,
kommt von der hohen Politik, von dort kommt sie daher.

Hast du noch Angst vor denen die selber Angst empfinden?
Ist deine Skepsis noch nicht ausgeräumt,
aus irgendwelchen Gründen?
Dann denke nach und erforsche dein Gemüt,
wie du dich dann verhalten würdest, falls dir mal Gleiches blüht.

Schäbig

Schäbig ist ein kurzes Wort mit großer Tragesweite.
Wer davon betroffen ist, den trifft es in voller Breite.
Schäbig ist die hohe Politik und auch der Mächte Handel.
Einen Rückschritt sieht man allenthalben
im letzten Zeitenwandel.

Viele Völker sind davon betroffen, es läuft vieles dort verkehrt.
Der Mensch in diesen Ländern ist eine Nummer ohne Wert.

Die Mächte denken nur an den Profit
und an die eigenen Interessen.
Dass dort Menschen dafür bluten müssen
das scheint man zu vergessen.

Da treten sie vors Mikrofon, Herr Hollande und die Frau Merkel.
Sie sind bereit es anzukurbeln, des Krieges Handwerks Werkel.
Den Feind will man besiegen, den man vorher hat gepflanzt,
denn der hat sich in der Zwischenzeit
auch in Europa schon verschanzt.

Dazu fällt mir nur noch Herrn Goethes „Zauberlehrling" ein.
Die Themen hie und da werden wohl so ähnlich sein.
„....und nun komm du alter Besen!
Nimm die schlechten Lumpenhüllen,
bist schon lange Knecht gewesen,
nun erfülle meinen Willen......"

Die Geister, die man rief, wird man nun nicht los.
Um die Gefahr zu ignorieren, ist sie schon viel zu groß.
Schäbig nenn ich die Kultur, die man nach außen hin vertritt,
denn als man den Terror hat gezüchtet
ins eigene Fleisch sich schnitt.

„ .....in die Ecke, Besen, Besen...."
Man kennt den Spruch nicht mehr.
Die vorher selbst gezündelt haben, spielen nun die Feuerwehr.
Schäbig ist ein kurzes Wort,
jedoch trifft es den Nagel auf den Kopf.
Diese Feuerwehr ist überflüssig, wie an einem Hals ein Kropf.

Wir und Ihr

Wer hält sie auf in ihrem Tun und Lassen?
Wie überheblich sie agieren, das ist nicht mehr zu fassen.
Merkel, Putin, Hollande, die sind damit gemeint.
In diesem Dreigestirn ist Größenwahn vereint.

Wer hat das Volk befragt, ob es Krieg will oder Frieden?
Nicht einmal die Meinungsfreiheit ist dem Volk beschieden.
Niemand fragt das Volk wie es über Bomben denkt.
Da wird mir leeren Floskeln vom Übel abgelenkt.

„Wir machen das, wir müssen das, wir schaffen das zuletzt“!
Wenn ich diese Worte höre, dann bin ich schon entsetzt.
Sie sagen „Wir“ und meinen „Ihr“,
doch das Volk hat nichts zu sagen.
Selbst bei so heiklen Dingen will man es nicht fragen.

Krieg ist Krieg, ist immer gleich, grausam, bestialisch.
Wenn Bomben fallen über Menschen, dann ist das infernalisch.
Sie sagen „Wir“ und meinen „Ihr“. Ihr seid damit gemeint,
die ihr vor siebzig Jahren um eure Toten habt geweint.

Ist das schon vergessen? Es ist zwar lange her,
doch immer wieder war im Krieg inzwischen
die deutsche Bundeswehr.
„Wir machen das, wir müssen das, wir schaffen das zuletzt.“
Wenn ich diese Worte höre, dann bin ich schon entsetzt.

Geht einer von den Dreien hin?
Nein, man sitzt am hohen Ross.
Man ist zu Hause unabdingbar, denn die Berufung ist zu groß.
Ihr seid das Volk, das die Weichen stellt,
ihr entscheidet selbst das Los.

Dass was die Drei da allein entscheiden,
dafür ist die Entscheidung viel zu groß.
Sie sagen „Wir“ und meinen „Ihr“, ihr tragt doch alle Last.
Ihr habt doch auch für diesen Krieg
schon den Rucksack ausgefasst.

Die stehen vorn für kurze Zeit, dann sind sie weg vom Bild.
Was die meisten hinterlassen, ist verwerflich und ist wild.
Den Rucksack schleppt das Volk dann weiter,
bis sich ein „Neuer“ findet,
der vorne steht und mit neuen Floskeln
sein Volk dann wieder bindet.

Sie haben zwar den Krieg erklärt,
doch das Volk hört nicht mehr drauf.
Wenn der Aufruf nicht befolgt wird,
hört sich der Krieg schon auf.
Dass das auch so klappen könnte, ich mir ganz sicher bin.
Sie haben zwar den Krieg erklärt, doch keiner geht dann hin.

Die Freiheit die ich meine

Das edle Wort von Freiheit ist meist nur ein Betrug.
Über Freiheit nur zu reden ist noch lange nicht genug.
In einem Land in Übersee ist die Freiheit ausgeprägt,
doch in der Wirklichkeit wird das tagtäglich widerlegt.

Die Gefängnisse sind vollgestopft
so dass kaum noch jemand Platz darinnen hat.
Die Zahl der Eingelochten ergäbe einen eigenen Bundesstaat.

Die Überwachungs- und Belausch Behörde
ist dort bestimmt nicht zahm.
Alles wird dort überwacht, sogar der kleinste Kinderkram.

Dort fliegt man zu den Sternen hoch,
davon hält man große Stücke.
Doch gibt es dort Hunderttausende ohne Grundversorgung,
die hausen in einem Pappkarton oder unter einer Brücke.

Auf den Straßen herrscht die Freiheit,
die der Stärkere bestimmt.
Die Polizei hat dort Allgewalt,
wie man aus den Medien vernimmt.
Dort schießt man schnell, dann ruft man erst:
„Nimm schnell die Hände hoch!"
Der Getroffene liegt schon am Boden, im Kopf ein großes Loch.

Wer dort schwarz ist oder ein Mestize
der wird mit dieser Freiheit oft beehrt.
Großer Reichtum, hohe Posten
sind diesen Menschen meist verwehrt.
Fast jeder Bürger hat dort eine Waffe
bei sich daheim im Schrank.
Damit will seine Freiheit er beschützen,
das sagt er frei und frank.

Der Farmer und der Landwirt, die sind nicht wirklich frei,
denn was er baut und was er sät, das ist nicht einerlei.
Die Konzerne haben große Macht, viel größer als man denkt.
Somit ist für den Normalverbraucher
auch diese Freiheit eingeschränkt.

In diesem Land, das ich beschreibe, ist alles groß und mächtig.
Dagegen ist mein Heimatland verloren, klein und schmächtig.
Doch ich nehm mir hier die Freiheit und schreibe solches auf.
In dem Land in Übersee zahlte ich wahrscheinlich
damit schmerzlich drauf.

Dort drüben ist ein Land, das zur Freiheit sich bekennt.
An dieser Freiheit wird auch nichts verändern,
ihr schwarzer Präsident.

Wehrlos

Im Kopf hab ich die große Leere,
das Herz mit Schmerzen voll.
Ich habe keine Ahnung wie ich das deuten soll.
Ich fühle wie in schwerer Not,
jedoch das Hirn ist ausgeschaltet.
Die Stimmung die mich jetzt bedrückt, die hat sich so entfaltet.

Ich seh die Zeichen, hör die Rufe, ich reagiere nicht darauf.
Ich bin wie Schwemmgut in der Brandung,
die Welt nimmt ihren Lauf.
Die Wellen schlagen über mich, die Brandung ist zu stark.
Ich seh was alles läuft verkehrt, das geht bei mir ins Mark.

Ich werde hin und her gespült, schlag oft auf harte Klippen.
Wenn ich mich so beschreiben sollte,
ich müsst auf „wehrlos“ tippen.
Ich kann nur noch die Tage zählen, die mir hier vergönnt.
Vielleicht hab ich mich mit dieser Welt bis dahin ausgesöhnt.

„Wehrlos“ ist das richtige Wort, das bin nicht nur ich allein.
Auch bei den meisten Menschen wird es wohl ähnlich sein.

Wir alle treiben auf den Wogen die ein starker Sturm erzeugt.
Wir sind nur Befehlsempfänger und in Demut hin gebeugt.

Auch wenn ich mich mal mächtig fühle, das ist nur Fantasie,
denn mein eigenes Leben, leben, das kann ich heute nie.
Immer kommt ein Sturm dazwischen,
der bringt mich stark ins Wanken.
Wohin ich schaue, wohin ich gehe,
es gibt überall nur Schranken.

Da greifen Mächte ein, die sind mit „Schicksal“ so benannt.
Dieses Schicksal zu verstehen geht über den Verstand.
Wehrlos bin ich immer noch, ich lass geschehen was passiert.
Angesichts der hohen Wellen bin ich heute ganz verwirrt.

Ich seh zwar Zeichen, hör die Rufe,
jedoch ich reagiere nicht darauf.
Ich bin wie Schwemmgut in der Brandung
und die Welt nimmt ihren Lauf.

Weihnachtsfriede

Der Weihnachtstag steht vor der Tür, wie schon öfters ehemals.
Doch die Stimmung für das Fest spür ich noch keinesfalls.
Dass ich den Tag verschlafen werde, besteht somit Gefahr.
Mit Wehmut denke ich daran, so wie es einmal war.

Was ist geschehen in der Zwischenzeit,
was geht mit uns nur vor?
Es klingen keine Engelsstimmen und Glockentöne an mein Ohr.
Hör ich sie nicht, weil ich nicht höre, oder klingen sie so leis?
Oder leb ich in der falschen Zeit, wer gibt mir den Beweis?

Der Weihnachtstag steht vor der Tür, ich spür nicht Seligkeit.
Ein Weihnachtsfest ohne Seligkeit ist verlorene Zeit.
Meine Gedanken schwenken aus, ich spür nur Bitternis.
Bitternis und der Menschen Not sind für das Fest ein Hindernis.

Ich spüre nicht das Weihnachtliche,
ich spüre was die Menschen heut bedrückt.
Dass Millionen Menschen keine Bleibe haben
wird nicht ins Licht gerückt.

Dass die Gletscher schmelzen wie kaum jemals noch zuvor.
Das Eis wird nun zu Wasser, was über Jahrtausende gefror.
Dass die Gesellschaft kaum noch Mitleid kennt,
mit den Alten, mit den Armen.
Sie ist nur auf Gewinn bedacht, ihr fehlt es an Erbarmen.

Der Weihnachtstag steht vor der Tür,
wie zweitausend Jahr zuvor.
Doch nur Straßenlärm und Störgeräusche dringen an mein Ohr.
Jetzt denke ich an das Weihnachtsfest,
doch mir fällt nur Syrien ein.
Nur Untergang und Schmerzensschreie dringen in mich rein.

An Heilig Abend denke ich, dabei kommt mir Gaza ins Gemüt.
Ich denke nur an Palästina und an das
was den Menschen darin blüht.
Mir ist gar nicht zum Feiern,
obwohl der Christtag nicht mehr weit.
Weihnachtsfreude will ich trotzdem finden, ich bin dazu bereit.

Ich bin noch nicht in Stimmung aus eben diesen Gründen.
Doch jetzt horche ich in mich hinein
und will den Weihnachtsfrieden finden.

Neubeginn

Großes ist geschehen, zu Bethlehem im Stall.
Wer daran glauben mag, für den auf jeden Fall.
Damals hieß das Neubeginn, in einer Zeit der Bitternis.
Dass die Menschen damals Hoffnung suchten,
das ist auch ganz gewiss.

Über Palästina schwang damals Rom die Peitsche,
wie überall im Reich.
Zwischen Herr und Untertan ist das Verhältnis immer gleich.
Roms Söldnerheer im Lande war schlimmer als die Pest.
Trockenheit und Hungersnot gab dem Volk den Rest.

Da ist Hoffnung eingekehrt, der Messias war im Kommen.
Dass er Erlösung bringen würde, hat man angenommen.
Neubeginn war programmiert, die Hoffnung hatte Konjunktur.
Die Menschen haben Mut geschöpft,
wie in zweitausend Jahren einmal nur.

Bei uns in unsrer Zeit wär auch ein Neubeginn vonnöten.
Dass die Menschen neuen Mut und Hoffnung schöpfen täten.
Es ist zwar nicht mehr Rom, das uns schmählich unterdrückt.
Wir werden nur von den Konzernen
und ihrem Charme beglückt.

Der Menschen Not wird ausgeblendet, es herrscht das Kapital.
Dass das Recht auch Gerechtigkeit verkörpert
gilt nur im Einzelfall.
Die uns zu regieren glaubhaft machen,
die werden selbst regiert.
Was dem Volk so dienlich wäre wird von denen nur negiert.

Wir bräuchten auch ein Kind im Stall, wie anno dazu mal,
das uns die Welt neu auferbaut.
Denn die Wirkung aus dem Stall von Bethlehem
Ist bei uns schon abgeflaut.

Ein Messias müsste auferstehen, wie er es seinerzeit getan.
Man hätte wieder Zuversicht und knüpfte Hoffnung dran.
Danieder mit den Pharisäern, mit den Geldverleihern weg.
Nur ein steifer, starker Besen erfüllte seinen Zweck.

Ein Neubeginn wäre bitter nötig, ist jedoch nicht programmiert.
Wir müssen darauf hoffen, dass von selber was passiert.

Trotzdem

Wenn sie in Polen Puppen verbrennen und Fahnen zerreißen.
Wenn sie in Deutschland in Asylantenheime
Brandsätze schmeißen,
dann kommt trotzdem wie immer die Weihnacht herbei.
Sie bringen mit Hass die Welt nicht entzwei.

Das sind meine Wünsche, darauf hoff ich ganz fest,
dass dieser mein Wunsch erfüllen sich lässt.

Wenn Bomben fallen auf Häuser und Straßen,
so dass die Bewohner in Panik ihre Heimat verlassen,
dann kommt trotzdem wie immer die Weihnacht herbei.
Sie bringen mit Angst die Welt nicht entzwei.

Das sind meine Wünsche, darauf hoff ich ganz fest,
dass dieser mein Wunsch erfüllen sich lässt.

Wenn in Nigeria Banden Kinder entführen
und Diktatoren statt Frieden erhalten noch Unruhe schüren,
dann kommt trotzdem wie immer die Weihnacht herbei.
Sie bringen mit Chaos die Welt nicht entzwei.

Das sind meine Wünsche, darauf hoff ich ganz fest,
dass dieser mein Wunsch erfüllen sich lässt.

Wenn Politiker erklären und forcieren den Krieg,
dann kann ich nur sagen: „ Das bringt keinen Sieg!"
Trotzdem kommt wie immer die Weihnacht herbei.
Sie bringen mit Krieg die Welt nicht entzwei.

Das sind meine Wünsche, darauf hoff ich ganz fest,
dass dieser mein Wunsch erfüllen sich lässt.

Wenn die Mächtigen im Hintergrund die Fäden dort ziehen,
so dass Millionen aus ihrer Heimat für immer entfliehen.
Dann kommt trotzdem wie immer die Weihnacht herbei.
Sie bringen mit Tücke die Welt nicht entzwei.

Das sind meine Wünsche, darauf hoff ich ganz fest,
dass dieser mein Wunsch erfüllen sich lässt.

Weihnacht ist Weihnacht, ist standhaft und fest,
es sich auch von den Bösen nicht abschaffen lässt.
Weihnacht ist Besinnung, ist Inhalt und Stille.
Auch dann noch, wenn mich oftmals beängstigt die Fülle.

Das sind meine Wünsche, mein Bitten, mein Flehen.
Dass sich die Welt selbst befriedet,
bleibt die Hoffnung bestehen.

Ein schweres Unterfangen

Willst du die Welt verändern?
Das ist ein schweres Unterfangen.
Wenn du dieses Werk beginnst, dann seh ich das mit Bangen.
Alle, die sich darum bemühen sind Optimisten ohne Land.
Die haben ihre Möglichkeiten in der Wirksamkeit verkannt.

Der Rufer gibt es viele, doch die Täter sind zu rar.
Dieser Umstand auch schon vorher jeweils
auch nicht anders war.
Du sagst „Veränderung ist wichtig“, da geb ich dir schon Recht.
Doch so vieles spricht dagegen,
deine Widersacher kennst du schlecht.

Dass du da etwas zuwege bringst,
dazu gehört ein Wille stark wie Stahl.
Wenn es dir anfangs nicht gelingt, vielleicht beim nächsten Mal.

Doch was nützt allein dein Wille,
wenn sich dein Umfeld nicht beteiligt?
Auch dann nicht, wenn der Zweck die Mittel heiligt.

Die Rufer stehen schon bereit, doch ihr Wort verhallt im Wind,
weil im Bereich Veränderung stets starke Stürme sind.
Die Rufer werden kaum gehört, sie rufen sich die Kehlen heiß.
Wer immer ruft wird nicht wahrgenommen,
es führt nur zum Verschleiß.

Die Welt verändern, das gehört zu unseren Pflichten.
Doch dass du da was richten könntest
das glaube ich mitnichten.

Sowie sich heut der Mensch gebärdet
ist der Absturz vorgesehen.
Man wird nicht lange warten müssen,
dann wird es auch geschehen.

Da hilft auch nicht dein starker Wille,
denn die Rufer sind zu leis.
Dass sich die Spirale immer schneller dreht, ist dafür Beweis.
Sie ist schon losgetreten, die Lawine rollt zu Tal
und wenn sie erstmal unten ist, gibt es kein nächstes Mal.

Die Lawine rollt zum Abgrund hin, sie ist nicht aufzuhalten.
Wenn sie erstmal losgetreten,
ist die stärkste sie von den Naturgewalten.

Wenn du glaubst, du bist so stark um sie zu verhindern
dann bist du blind und taub.
Ich rate dir mein lieber Freund, spring beizeiten aus der Bahn
und mach dich aus dem Staub.

Ich hab sie jetzt betrachtet,
die Zeit und die Begleiter.
Die Umstände die die Zeit begleiten,
sind düster, kaum je heiter.

Was man umgangssprachlich „Begleiter“ nennt,
davon hat die Zeit genug
und ein jeder der „Begleiter“
übt an der Zeit Betrug.

Hätt der Mensch nicht eingewirkt,
jungfräulich wär die Zeit.
Jetzt bleibt nur noch die Frage,
wann sich die Zeit vom „Begleiter“ Mensch befreit